후터라이트
　　　공동체의 역사

 한국 아나뱁티스트 출판사(Korea Anabaptist Press)는 기독교 신앙을 아나뱁티스트 관점에서 소개하는 문서선교 사역을 하고 있습니다. 특히 그리스도인의 신앙과 삶의 기초를 제자도, 평화, 공동체, 그리고 재세례신앙이라는 관점을 통해서 발견하며, 하나님 나라를 이루어가는 성경적 비전을 회복하고자 노력하고 있습니다. 한국 아나뱁티스트 출판사(KAP)에서 발행되는 도서는 각 분야별 시리즈로 구성되어 있으며, 이 책은 공동체 시리즈의 네 번째 도서입니다.

후터라이트
공동체의 역사

존 호퍼 지음 · 김복기 옮김

The History of the Hutterites, Copyright © 1982
by The Hutterian Educational Committee,
James Valley Colony, 324-100 James Valley Rd.
Elie, Manitoba, R0H 0H0 Canada
Korean translation copyright © 2008 by Korea Anabaptist Press

이 책의 한국어판 저작권은 Korea Anabaptist Press가
소유하고 있습니다. 출판사의 승인 없이 이 책의 내용이나
표지 등을 복제, 인용할 수 없습니다.

초기 후터라이트 형제단의 역사는
종교적 관심에 최고의 가치를 두며 경건함을 통해 자신들의
삶을 가장 올바로 살려고 했던 크리스천 그룹의 역사다.
기독교 교회사에 있어서 헌신과 신실함을 동시에 실현해낸
경우가 드문데, 그들은 초대교회의 믿음과 삶을
그대로 회복하고자 시도하였다.

존 홀쉬(John Horsch) 후터라이트 형제단

서문

아주 오랫동안 캐나다 매니토바 주 후터라이트 학교의 교사들과 학생들은 자신들의 이야기인 후터라이트 역사를 다룬 적절한 자료가 필요했다. 사회에 대해 공부할 때 기준이 될 만한 자료로 사용될 뿐 아니라, 후터라이트 교사들이 학생들을 가르치기에 알맞은 후터라이트 역사에 관한 자료가 필요했다. 교과과정은 단지 우리 자녀들을 교육하기 위한 분야는 물론이거니와 우리 공동체 내의 사람들에게도 아주 큰 가치를 갖는 것이어야 했다.

후터라이트 교육부(The Hutterian Educational Committee)가 책의 모든 부분을 일일이 검토한 결과, 이 책이야말로 역사적 사실과 후터라이트의 역사 해석에 모든 내용이 일치함을 확인하였다.

우리는 이 책이 후터라이트 공동체 내의 모든 학교에서 사용될 수 있기를 희망한다. 또한 우리가 진행하는 역사 연구가 종교와 문화에 좀 더 깊은 감사의 마음을 갖게 하며, 좀 더 나은 모습으로 아이들을 자각시키며, 우리의 이웃과 우리 공동체를 방문하는 사람들이 우리의 삶을 좀 더 잘 이해하는 데 이 책이 사용될 수 있기를 희망한다.

매니토바, 엘리에 위치한 제임스 밸리 공동체 후터라이트 교육부

존 호퍼, 마이크 맨델, 폴 맨델

감사의 말

후터라이트 공동체들은
- 이 책이 나오기까지 재정적으로 후원을 아끼지 않은 매니토바 주 교육부와 미국의 국무부
- 이 책에 기록된 내용을 조사하고 기록에 도움을 준 데이비드 위브 (David Wiebe)와 게하르트 엔츠(Gerhard Ens)
- 교정을 봐준 로리 베르근(Lorie Bergen), 본문을 타이핑해준 머나 쉰켈(Myna Schinkel), 전체적으로 안내와 조언을 아끼지 않은 마이크 맨델(Mike Maendel), 폴 맨델(Paul Maendel), 제이크 크라인사서(Kleinsaser), 칼 패스트(Karl Fast)에게 감사를 드린다.

이 책은 캐나다 정부의 다문화 프로그램을 위한 재정 후원으로 출간되었다.

■ 차 례

- 서문 · 6
- 감사의 말 · 8
- 서론 · 11

PART I_ 후터라이트 공동체의 역사

1. 예루살렘에서의 초대교회의 시작(사도들의 교회)....17
2. 박해와 교회의 흩어짐 22
3. 바울의 죽음으로부터 콘스탄티누스까지 38
4. 콘스탄티누스로부터 십자군 전쟁까지 43
5. 십자군 전쟁부터 종교개혁까지 51
6. 루터와 종교개혁의 시작 57
7. 츠빙글리와 재세례신앙운동의 태동 64
8. 박해와 재세례신앙운동의 흩어짐 71
9. 유무상통 공동체의 시작과 제이콥 후터 77
10. 박해와 제이콥 후터의 죽음 83
11. 후터 이후의 리더십과 선교적 순교자들 91
12. 후터라이트의 황금기 100

13. 터키와의 전쟁 114
14. 30년 전쟁과 모라비아로부터의 추방 119
15. 헝가리 컬러니들의 쇠퇴 123
16. 알윈츠와 카린티안 부흥 131
17. 발라치아로의 도망 137
18. 러시아로의 여정 144
19. 비센카와 라디체프에서의 생활 150
20. 몰로치나에서의 생활과 유무상통 공동체의 부흥 157
21. 러시아에서 미국까지 163
22. 세계대전과 캐나다로의 이주 171
23. 제2차 세계대전 이후의 후터라이트 179

PART II_ 후터라이트 조직과 캐나다에서의 경제

1. 캐나다 후터라이트 조직 및 협회의 발전 193
2. 캐나다 후터라이트의 교육 205
3. 캐나다 후터라이트의 농업경제 213

- 참고문헌 238
- 부록 252

서론

후터라이트 역사에 대해 기록한 이 책은 후터라이트 아이들이 자신들의 역사에 대해 잘 알도록 하고, 역사적 사실들에 대해 좀 더 친숙해지게 하며, 자신들의 역사에 대해 감사하는 마음을 갖게 하기 위해 기록되었다. 이 책은 학생들이 선생님의 도움을 거의 받지 않고서도 스스로 역사를 공부할 수 있게 만들어졌다. 학생들이 흥미를 잃지 않도록 하기 위해 쉬운 이야기나 흥미로운 사건을 소개하는 방식으로 책을 구성하였다. 이러한 점 외에도, 나는 아이들이 실제적인 역사와 동떨어져 있다는 느낌을 받지 않고 쉽게 이해할 수 있게 간략한 서술 방식으로 책을 이어나가려고 했다.

이 책은 모두 23장으로 되어 있다. 각 장에는 최소한 하나 이상의 이야기가 들어 있다. 첫째 장은 유무상통(有無相通)의 공동체가 처음으로 시작된 오순절 이야기(사도행전 2장)와 더불어 시작된다. 그리고 2장부터 7장까지는 종교개혁과 재세례신앙운동이 태동하기 전까지의 교회 역사를 가능한 한 간략하게 설명하였다. 이러한 이야기와 더불어 우리는 후터라이트 형제단의 형성에 대해 살펴보고 유럽과 북미로 이주하기까지의 여러 가지 시험들과 고난 및 이주의 역사를 살펴보게 될 것이다.

각 장의 뒤편에는 이해를 돕기 위해 본문 중에 쓰인 어려운 낱말들에 대한 설명이 있다.

책의 끝부분에 참고할 만한 문헌목록을 간단한 설명과 함께 정리해 놓았다. 이 문헌목록은 아이들이 더 읽어보기를 권하는 책들뿐만 아니라 교사들이 참고할 만한 도서들을 정리한 것이다. 대부분 이러한 책들은 아이들이 아나뱁티스트, 메노나이트, 후터라이트의 믿음, 역사, 박해에 대해 잘 알 수 있게 도와주는 좋은 자료들이다. 문헌목록에 정리된 대부분의 책들은 매니토바 주의 엘리(Elie)에 위치해 있는 제임스 밸리 공동체 서점을 통해서 구할 수 있다.(the James Valley Colony Book Centre, Elie, Manitoba, R0H 0H0)

이 책이 나올 수 있도록 여러 가지 제안과 지도를 아끼지 않은 교육부의 자문위원인 칼 패스트(Karl Fast)에게 감사를 표하고 싶다.

또한 여러 가지 조언을 통해 도움을 준 제임스 밸리 공동체(James Valley Colony)의 존 호퍼(John Hofer), 크리스탈 스프링스 공동체(Crystal Springs Colony)의 제이크와 엘리아스 크라인사서(Jake and Elias Kleinsasser), 선크레스트 공동체(Suncrest Colony)의 마이크 맨델(Mike Maendel), 그리고 델타 공동체(Delta Colony)의 폴 맨델(Paul Maendel)에게도 깊은 감사를 드린다. 존은 이 책을 하나의 과정으로 사용할 수 있도록 전체적인 초안을 잡았을 뿐만 아니라, 구체적인 내용을 일일이 저술하는 수고를 아끼지 않았다. 엘리아스와 더불어 존은 더욱 더 나은 모습의 책이 되도록 각 장을 주의 깊게 반복해서 읽어주었다. 이들의 수고로 말미암아 나의 짐이 훨씬 가벼워졌음에 감사하며……

데이비드 위브(David Wiebe)

후터라이트 공동체의 역사

PART I

예루살렘에서의 초대교회의 시작
─사도들의 교회

　　죽음에서 부활하신 후, 예수께서는 이 땅 위에 40일 동안 머무시면서 제자들(disciples)에게 여러 차례 자신의 모습을 보여주셨다. 제자들과 만나면서 예수께서는 그들에게 성령이 임할 때까지 예루살렘을 떠나지 말라고 말씀하셨다.

　　"요한은 너희에게 물로 세례를 주었으나, 몇 날이 못 되어 너희가 성령으로 세례를 받을 것이다……. 그리고 성령이 너희에게 임하실 때, 너희가 나에 대하여 증거할 권능을 받아 예루살렘 사람들에게와,

유대 전역과, 사마리아와, 땅 끝에 이르기까지 나의 증인이 될 것이다."(사도행전 1:4, 8)

40일이 지나, 예수는 자신의 제자들을 베다니 지역으로 데리고 가서서 그들을 축복하셨다. 예수께서 그들이 보는 가운데 하늘로 들려 올라가시고 구름에 싸여 보이지 않게 되었다. 제자들은 엄청난 기쁨과 함께 예루살렘으로 돌아와 함께 모여 하나님을 찬양하고 경배하며 성령을 기다렸다. 이때 예수의 어머니를 포함한 다른 사람들 또한 열한 명의 제자들과 함께 모임을 가졌다. 120명의 사람들이 함께 모였다. 예수를 배신한 유다를 대신해 마티아(Mattias)가 뽑혀 12명의 제자를 이루었다.

오순절(Pentecost) 날에 제자들이 기도하기 위해 다시 모이게 되었다. 갑자기 세찬 바람이 부는 듯 소리가 하늘로부터 나더니 그들이 앉아 있던 집에 가득 차게 되었다. 그리고 그들에게 불길이 솟아오르는 것과 같은 혀들이 갈래갈래 갈라지면서 나타나더니, 그곳에 모여 있던 각 사람의 머리 위에 내려앉았다. 이것은 예수께서 오리라 약속하신 성령에 대한 표시였다.

집 밖의 거리에서 강한 바람소리를 들은 사람들이 무슨 일이 일어났는지 보러왔다. 그들은 자신들이 태어난 지방의 말로 이야기하는 제자들의 모습을 보고 놀랐으며 이러한 광경을 매우 신기하게 여겼다. 거기에는 여러 다른 나라에서 온 사람들이 있었다. 그들 중 대부분은 놀라 어쩔 줄 몰랐고, 그들 중 어떤 사람들은 "술 취한 사람들 같으니! 술주정을 하는가 봐!" 하고 조롱하였다.

그때 베드로가 다른 열한 사도들 가운데에서 일어나 목소리를 높여 사람들에게 말하였다. "유대 사람과 모든 예루살렘 주민 여러분, 내 말에 귀를 기울이십시오. 지금은 아침 아홉 시입니다. 그러니 이 사람들은, 여러분이 생각하듯이 술에 취한 것이 아닙니다." 그리고 그는 구약 성경 중 선지자들의 기록에 있는 말씀, 즉 마지막 날에 "여호와께서 그 영을 모든 사람에게 부어줄 것이며 그 결과 아들과 딸들은 예언을 하고, 젊은이들은 환상을 보고, 나이 든 사람들은 꿈을 꿀 것이다. 그날에 나는 내 영을 내 남종과 여종에게 부어주겠으니, 그들도 예언을 할 것"이라는 말씀을 사람들에게 들려주었다. 베드로는 예수와 그의 가르침, 그가 행한 기적과 십자가의 죽음에 대해 그들에게 말해 주었다. 더 나아가 그는 예수의 부활과 하늘로 올라가신 일, 그리고 이제 막 경험하게 된 일들에 대해 설명해 주었다. 그는 사람들에게 지은 죄로부터 돌아서서 세례를 받으라고 주장하였다. 많은 사람들이 베드로의 메시지를 받아들였고 약 3,000명이나 되는 사람들이 세례를 받아 그 당시의 교회가 되었다. 그들은 사도들의 가르침을 신실하게 따랐고, 함께 교제하며, 함께 기도하였다.

이렇게 믿게 된 모든 사람들은 함께 있었고 모든 것을 공동으로 소유하게 되었다. 그들은 자신들의 소유를 팔아 사도들의 발 앞에 그 돈을 갖다놓았다. 그 돈과 물질들은 믿음을 소유한 모든 사람들이 필요한 대로 나눠 가졌다. 이것은 곧 물질 나눔의 공동체(Community of Goods)로 알려지게 되었다. 믿는 사람들은 사도들의 가르침을 듣기 위해 계속해 모였고, 그들의 가르침과 믿음의 도리를 변함없이 지속해 나갔다. 주께서는 날마다 믿는 사람들의 수를 더하여 주셨다.

어려운 낱말들

단어:	의미:
제자들(Disciples)	어떤 리더를 따르는 사람들을 제자들이라고 부른다. 그러나 이 단어는 일반적으로 그리스도의 열두 제자들을 지칭한다.
오순절(Pentecost)	오순절은 유대인의 풍습으로 추수 감사일이다.
사도들(apostles)	특별한 메시지나 사명을 갖고 보냄을 받은 사람을 사도라고 부른다. 그러나 이 단어는 일반적으로 그리스도의 열두 제자들을 지칭한다.

다마스쿠스 문(예루살렘)

박해와 교회의 흩어짐

A. 사도들 대 유대 정치인들
(The Apostles vs. the Jewish Authorities)

예루살렘 교회는 매우 급속도로 성장했다. 베드로와 다른 사도들은 성전에서 설교했고, 많은 사람들이 그들의 가르침을 받아들여 약 5,000명 정도의 규모로 교회가 성장했다.

어느 날 오후, 바울과 요한이 기도하러 성전을 향해 가다가 날 때부터 앉은뱅이로 구걸을 하고 있는 사람을 만났다. 베드로와 요한이 가까이 오게 되자, 그 앉은뱅이는 돈 몇 푼이라도 얻을 수 있을까

해서 그들을 바라보았다. 그러나 돈을 주는 대신 베드로는 "비록 줄 돈은 없지만, 당신에게 줄 뭔가가 우리에게 있습니다! 나사렛 예수 그리스도의 이름으로 일어나 걸으시오."(사도행전 3:6) 베드로는 손으로 앉은뱅이를 잡아주었고, 그의 발이 힘을 얻도록 도와주었다. 그 즉시 그의 뼈들은 치료되었고, 걷기도 하고, 달리기도 하고, 뛸 수도 있게 되었다.

이러한 기적들(miracles)은 예수에 관한 사도들의 가르침을 더욱 힘 있게 만들어 주었고, 더 많은 사람들이 메시아(Messiah)로서의 예수를 믿을 수 있게 도와주었다. 사도들이 그렇게 많은 사람들의 관심을 끌게 되자, 유대 종교 지도자인 바리새인들(Pharisees)과 사두개인들(Sadducees)이 시기하고 분노하기 시작했다. 그래서 그들은 베드로와 요한을 감옥에 가두어버렸다. 다음날 아침 그들은 베드로와 요한을 제사장들과 공회(Council) 앞으로 데리고 왔다. 대제사장은 베드로와 요한에게 예수에 대해 더 이상 말하지 말라고 명령했다. 이에 대해 베드로는 "하나님 앞에서 여러분의 말을 듣는 것이 하나님 말씀을 듣는 것보다 옳은가 판단하십시오."라고 대답했다. 공회는 사도들에게 좀 더 심한 벌을 내리려고 했지만, 너무나 많은 사람들이 사도들의 가르침을 따르고 있으므로 민란이 일어나는 것을 두려워했다.

공회에 의해 협박을 받았는데도 불구하고, 사도들은 예수에 관한 설교를 계속했고 병자들을 고쳐주었다. 이러한 것은 대제사장과 그의 동료들을 매우 화나게 만들었다. 그래서 그들은 다시 사도들을 체포하여 감옥에 처 넣었다. 그러나 한밤중에 하나님의 천사가 그들에게 와서 감옥 문을 열어주었고, 그들을 밖으로 데리고 나와 "가서 성전에 서서 이 생명의 말씀을 다 백성에게 전하라"고 말하였다.

　　아침에 제사장들이 감옥에 갇혀 있는 사도들을 불러오라고 사람을 보냈을 때, 그들은 감옥이 잠겨 있고 잘 지키고 있었는데도 사도들이 없어진 것을 발견하게 되었다. 그때 한 사람이 들어와 제자들이 성전 안에서 설교를 하고 있다고 보고했다. 그들은 다시 사도들을 공회 앞으로 데려와 예수의 이름을 말하거나 그에 대해 가르치는 것을 엄히 금지시켰다. 베드로와 사도들은 그들이 이전에 이야기한 것처럼 사람에게 순종하는 것보다 하나님께 순종해야만 한다는 사실을 반복해서 이야기했다. 이러한 반응은 대제사장을 매우 화나게 만들었고, 이들은 사도들을 죽이려고 했다. 그때 공회의 회원 중 한 사람이 끼어들었다. 그 사람은 바리새인이요, 학식이 높으며, 많은 사람들이 존경하는 가말리엘이라는 사람이었는데, 사도들을 그냥 내버려두도록 공의회원들을 설득했다. 그는 "만약 사도들의 가르침이 자신들로부터 온 것이면 그 가르침은 얼마 가지 못할 것이며, 만약 그들의 가르침이 하나님으로부터 온 것이면 여러분조차 그들을 막을 수 없을 것"이라며 공의회원들을 설득했다. 공회는 그의 의견을 받아들이고 태형을 가한 후 사도들을 놓아주었다.

B. 베드로와 고넬료(Peter and Cornelius)

오랜 세월이 흐른 후, 베드로는 예루살렘을 떠나 그리스도에 대한 소식을 전하기 위해 욥바(Joppa)라는 지역으로 갔다. 그는 가죽 제품을 만드는 시몬(Simon)이라는 사람의 집에 머물고 있었다. 어느 날, 베드로가 기도를 하기 위해 그 집 옥상으로 올라갔다. 그가 기도하는 시간은 정오였고, 배가 고팠다. 베드로는 사람들이 음식을 준비하는 동안 어떤 환상을 보게 되었다. 하늘이 열리고, 큰 보자기 같은 것이 네 모퉁이가 묶여 땅으로 내려오는 모습이었다. 땅에 놓인 보자기에는 유대인들이 먹으면 안 되는 갖가지 뱀들과 새들이 들어 있었다. 그때, "베드로야, 일어나 그것들을 잡아먹으라."는 음성이 들려왔다.

그러나 베드로는 "하나님, 그렇게는 못 하겠습니다. 이러한 속되거나 부정한 것을 지금까지 먹은 적이 없습니다." 하고 대답했다. 그러자 다시 "하나님을 거스르지 마라! 만약 하나님께서 깨끗하다고 하신다면, 그것은 깨끗한 것이다."라는 음성이 들려왔다. 그때, 세 사람이 어떤 소식을 갖고 베드로를 찾아왔다. 성령님께서는 베드로에게 그들과 함께 가라고 말씀하셨다. 그들은 가이사랴(Caesarea)에 살고 있는 이방인(Gentile)이자 로마 백부장(centurion)인 고넬료에게 베드로를 데리고 갔다. 그때서야 베드로는 자신이 본 환상이 무엇을 의미하는지 깨달을 수 있었다. 복음은 단순히 유대인들만을 위한 것이 아니라 이방인들에게도 전해져야 한다는 의미였다. 그리하여 베드로는 예수 그리스도에 관한 좋은 소식을 고넬료와 그의 집에 모인 모든 사람들에게 들려주었다. 그가 말할 때, 성령께서 듣는 사람에게 임하셨다. 그러자 베드로는 예수 그리스도의 이름으로 그들에게 세례를 주고, 예루살렘으로 돌아오기까지 여러 날 동안 그곳에 머물면서 그들을 가르쳤다.

C. 감옥에 갇힌 베드로

예루살렘에 있는 사도들과 신자들은 계속해서 박해를 받게 되었는데, 단지 유대인에 의한 박해뿐만 아니라 헤롯왕에 의한 박해도 받게 되었다. 헤롯은 요한의 형제인 야고보를 처형(executed)했다. 바리새인과 사두개인들이 이를 기뻐하자 그는 베드로를 체포하여 네 명이 한 조로 된 열여섯 명의 군사들로 하여금 지키게 했다. 그는 유월절(Passover)이 지난 후에 베드로도 죽이려고 했다.

베드로의 처형이 이루어지기 전날 밤, 베드로는 쇠사슬에 묶인 채 두 명의 군사들 사이에서 잠이 들었다. 갑자기 감방에 휘황찬란한 빛이 들더니, 주의 천사가 베드로 옆에 나타났다. 그 천사는 베드로의 옆구리를 치며, "급히 일어나라!"며 베드로를 깨웠다. 베드로가 황급히 일어나자, 묶여 있던 쇠사슬이 팔목과 발목에서 풀어졌다. 베드로는 옷을 입고, 신발을 신고, 외투를 걸치고 난 뒤 천사들의 인도를 받으며 잠이 든 군사들을 지나 감옥을 빠져나왔다. 거리를 향해 나 있는 쇠로 된 문은 천사들과 베드로가 빠져나올 수 있도록 스스로 열렸다. 그때 천사는 나타났던 모습처럼 불현듯 사라지고 없었다. 이때까지 베드로는 그가 꿈을 꾸거나 어떤 환상을 보는 줄만 알았다. 그러나 그것은 꿈이 아니라 실제 그에게 일어난 일이었다.

다음날 아침 헤롯왕이 베드로를 불러들이려 했을 때 그가 감방에 없다는 사실을 알았고, 그를 지키던 열여섯 명의 군사들을 체포하여 모두 사형에 처하도록 했다. 한편 베드로는 믿는 사람들의 도움으로 안전하게 다른 도시로 피신했다.

D. 최초의 순교자 스테판(Stephen: the First Martyr)

사도들이 복음을 증거하는 동안, 비록 박해가 있었는데도 불구하고 유대인들과 이방인들이 함께하는 교회는 아주 급속도로 성장했다. 그러나 수많은 사람들이 교회에 들어오게 되면서 불평의 소리가 들리기 시작했다. 그리스 배경을 가진 회원들이 히브리 배경을 가진 과부들이 받는 대우를 받지 못한다는 것에 대한 불평이 일어났다. 이것은 열두 사도들로 하여금 자신들이 말씀을 전하는 데 전념하는 대신 구제하는 일을 맡을 또 다른 일곱 사람을 선택하게 만든 계기가 되었다.

일곱 사람으로 선택된 사람 중에 스데판이라는 사람이 있었다. 그는 다른 사람과는 달리 성령이 충만한 사람이었다. 어느 날 스데판이 몇몇 유대인들과 종교에 대한 토론을 하게 되었다. 그들은 스데판이 지혜와 성령으로 이야기하는 것을 당해내지 못하였다. 이에 대해 그들은 스데판이 하나님과 모세를 저주하는 사람이라고 하며 거짓말로 스데판을 고소하였다. 그렇지 않아도 스데판을 체포하여 공회에 넘겨줄 기회를 찾고 있던 유대 지도자들은 일이 이렇게 진행되자 흥분을 감추지 못했다. 자신을 변호할 기회가 주어지자, 스데판은 제사장들을 향해 "목이 곧고 귀에 할례받지 못한 사람들아, 너희가 평생 성령을 거스를 것이냐? 너희 조상들처럼 너희도 성령을 거스르는구나! 너희 조상들이 핍박하지 않은 선지자가 있다면 이름을 말해 보라! 너희 조상들은 핍박만 한 것이 아니라, 의인이 오실 것이라고 예고한 자들까지 죽이더니, 이제 너희는 그 의인을 잡아준 자요 살인한 자가 되었구나!" 하였다. 이 말을 들은 그들은 너무 화가 나 스테판을 향해 이를 갈았다. 그러나 스테판은 하늘을 향해 얼굴을 들고 하늘을 우러러보며 말하기를, "보라! 하늘이 열리고 하나님 우편에 서신 메시아, 예수가 보이는구나!" 하였다. 유대 지도자들에게 이 스테판의 모습은 더 이상 견디기 힘든 것이었다. 그래서 그들은 스테판 주위로 떼 지어 모였고, 그를 도시 밖으로 끌어내어 돌로 쳐 죽였다. 죽기 바로 전 스테판은 무릎을 꿇고 "하나님, 이 죄를 저들에게 돌리지 마십시오!"라며 기도하기 시작했다. 기도를 드리며 죽어간 스테판은 교회의 최초 순교자가 되었다.

E. 바울의 회심과 선교 여행
(The Conversion and Missionary Journeys of Paul)

바울은 스테판을 돌로 쳐 죽일 때 그 현장에 있었던 증인으로, 스테판의 죽음에 적극적으로 동의를 표한 사람이었다. 유대 지도자였던 바울은 그 당시 엄청난 박해의 여세를 몰고 다녔다. 사도들을 제외한 모든 믿는 사람들이 예루살렘 주변의 시골로 흩어져 가는 곳마다 그리스도를 전했다.

이제 바울은 단지 예루살렘에서만 크리스천들을 박해하는 것으로 만족하지 못했다. 그래서 그는 다마스쿠스(Damascus)에 있는 크리스천들도 진멸시키기로 결정했다. 다마스쿠스라는 도시에 거의 당도했을 때, 하늘로부터 아주 밝은 빛이 바울에게 비췄다. 그는 땅에 엎드렸고 하늘로부터 들려오는 소리를 듣게 되었다. 그 소리는 "바울아, 바울아, 네가 어찌하여 나를 박해하느냐?"라는 내용이었다.

이에 바울은 "그렇게 말씀하시는 당신은 누구십니까?" 하고 물었다.

그러자 하늘로부터 "나는 네가 박해하는 예수다! 이제 너는 일어나 시내로 들어가라. 네가 행할 것을 네게 이를 때까지 기다리라!"라는 대답이 들렸다. 땅에서 일어난 바울은 눈을 뜨고 있었지만, 아무것도 볼 수 없었다. 그래서 그는 다마스쿠스까지 함께 있던 사람들의 손에 이끌려갔다. 3일 동안 바울은 아무것도 먹지도 마시지도 못한 채, 소경이 된 채로 있었다. 아나니아(Ananias)라는 하나님의 종이 바울에게 손을 얹자 그의 시력이 회복되었다.

그 이후, 바울은 세례를 받고 즉시 예수에 대한 복음을 다마스쿠스의 여러 회당(synagogues)에서 전하게 되었다. 이러한 사실을 알게 된 다마스쿠스의 유대 지도자들은 그를 잡아 죽일 계획을 공모했다. 그러나 바울이 회심(convert)하게 된 사실을 알고 있던 사람들이 이들의 계획을 알아차리고 바울을 광주리에 담아 성벽으로 달아 내렸다. 그는 사도들을 만나러 예루살렘으로 갔고, 마침내 안디옥

(Antioch)에 이르렀다.

안디옥에서부터, 바울과 바나바는 선교사로 보냄을 받게 되었다. 그들은 셀레우키아(Seleucia)로 갔고, 거기서 다시 배를 타고 키프로스(Cyprus)로, 그리고 회당(synagogue)에서 설교를 할 수 있는 살라미(Salamis)를 방문했다. 그들은 파포스(Paphos)에 이르기까지 도시를 하나하나 방문하면서 설교했다. 파포스에서 바울은 마술사요 마법사(sorcerer)인 바예수(Bar-Jesus)라는 사람을 만나게 되었다. 그는 사람들에게 바울과 바나바의 가르침을 듣지 말라고 말했다. 바울은 화난 모습으로 그 마법사를 노려보고, 성령 충만한 모습으로 그에게 "너, 속임수와 악행으로 가득 찬 악마의 자식아……. 너는 장님이 되어 한동안 괴로움을 당하리라!"고 말했다. 그 즉시 어둠이 바예수를 감쌌고 곧 아무것도 볼 수 없게 되었다.

이 두 명의 선교사는 파포스(Paphos)로부터 터키에 이르기까지 배를 타고 항해했고, 페르가(Perga)와 근처 안디옥(Antioch)이라는 도시에 도착하게 되었다. 한동안 이곳에 머물면서 그들은 이방인들뿐만 아니라 유대 회당에서 복음을 가르쳤다. 이곳에서 유대 종교 지도자들이 문제를 일으키기 시작하자, 이고니움(Iconium), 루스드라(Lystra), 더베(Derbe)로 옮겨갔다. 더베에서 그들은 각 도시에서 복음을 받아들이고 믿기 시작한 신자들을 격려하기 위해 그들이

왔던 길을 다시 거슬러 올라갔다. 버가로부터 안디옥까지는 다시 뱃길을 이용했다.

이 여행 외에도 바울은 두 번 더 선교여행을 떠났다. 두 번째 선교여행에서 그는 실라(Silas)와 동행하였고, 여행 후반부터는 디모데(Timothy)와 누가(Luke)가 여행에 동참하게 되었다. 바울은 첫 번째 선교여행 때 세워놓았던 많은 교회들을 다시 방문하였고, 마케도니아(Macedonia, 그리스 북부지역) 전역에 많은 새로운 교회를 세우게 되었다. 마케도니아 전역에 복음이 전해지면서 아시아로부터 유럽으로 기독교가 전파되었다.

세 번째 선교여행을 마치고 나서, 바울은 예루살렘을 방문했다. 그 당시 예루살렘에는 바울을 반대하는 사람들이 아주 많았는데, 그는 로마인들에 의해 감옥에 갇히게 되었고 결국 황제 앞에서 재판을 받기 위해 로마로 이송되는 죄수가 되었다. 비록 죄수의 신세이긴 했지만, 로마에서 바울은 다소간의 자유를 누릴 수 있었다. 바울이 쓴 서신서들(epistles)은 아마도 이 기간에 쓰인 것 같다. 그는 주후 64년에 참수형을 당한 것으로 전해지고 있다. 요한을 제외한 다른 모든 사도들도 순교를 당했다. 베드로는 십자가에 거꾸로 매달린 채로 순교를 당했다고 전해진다.

바울의 선교여행 경로

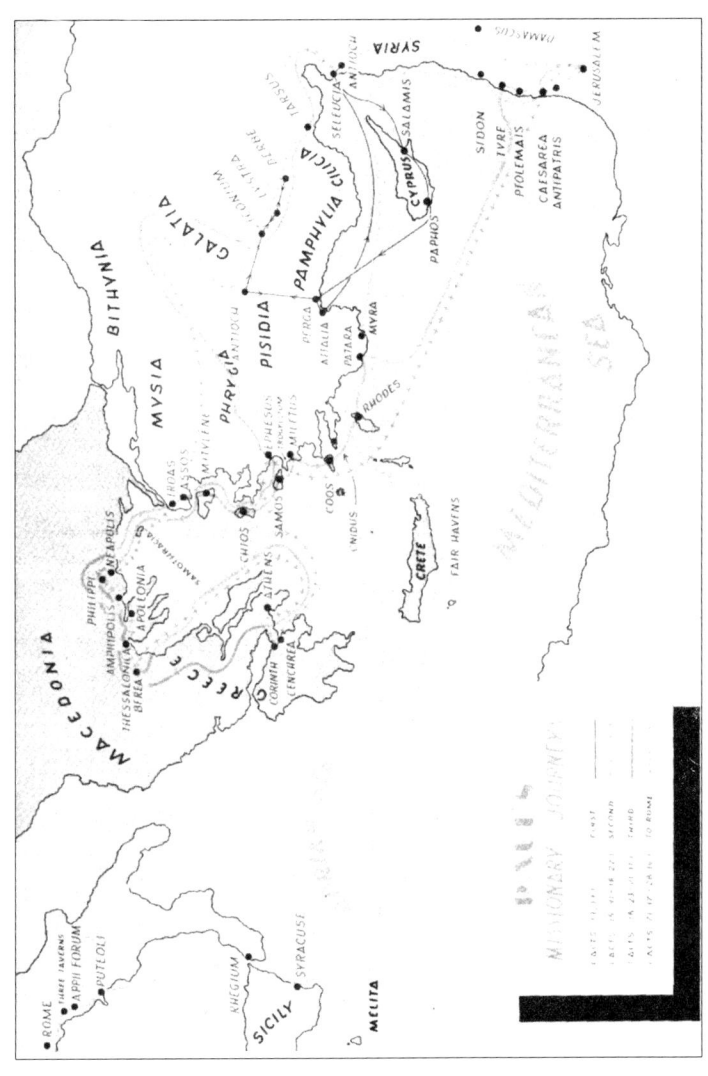

어려운 낱말들

단어: 의미:

기적들(miracles) 초자연적인 힘에 의해 일어나는 사건들. 놀랄 만한 일들. 예수께서 물을 포도주로 변하게 만든 것이 그 좋은 예로, 이러한 사건을 기적이라고 한다.

메시아(Messiah) 구약에서 유대인들은 로마의 압제자들로부터 자신들을 구해줄 한 왕, 혹은 메시아를 기다렸다. 압제 하에 있는 사람들이나 나라를 구해주고 해방시켜줄 사람을 메시아라고 불렀다. 그리스도는 인간을 구원하기 위해 오셨고 그래서 그리스도를 메시아라고 부른다.

바리새인들(Pharisees) 율법을 엄격하게 지키는 유대 종교 그룹 중 하나이다. 바리새인들은 사후 세계의 삶을 믿고 있었고, 사두개인들과 함께 예수 및 사도들의 시대에 활동했던 유대 종교 지도자들이었다.

공회 (Council)	유대인들의 공회(The Jewish Council)는 바리새인들과 사두개인들로 구성되었다. 공회의 회원들을 제사장들(chief priests)이라고 부르기도 했다. 대제사장(the High Priest)이 바로 이 공회 회원들의 수장이다.
백부장(centurion)	백부장은 로마의 군대 편제로서 100명의 군사를 다스리는 지휘관을 말한다.
이방인(Gentile)	유대인이 아닌 사람을 이방인이라고 불렀다. 유대인들은 대개 이방인들과 함께 어울리지 않는다.
처형(executed)	어떤 사람이 처형되었다고 하면, 그 사람이 죽임을 당했다는 것을 의미한다.
유월절(Passover)	유월절은 유대인들이 이집트로부터 자유를 얻게 된 것을 기념하고 기억하는 절기를 말한다. 대개 유월절은 8일 동안 지켜진다. 유월절은 죽음의 천사가 이집트의 모든 첫 태생을 죽였는데 유대

인의 집은 그냥 지나갔다는 것에서 붙여진 이름이다.

순교자(martyr) 순교자는 자신의 신앙과 믿음을 지키기 위해 엄청난 고문을 당하다가 죽은 사람을 말한다. 종교개혁 기간 동안 많은 사람들이 자신의 믿음을 지키기 위해 순교를 당했다.

회당(synagogue) 유대인들의 교회를 회당이라고 부른다.

회심(converts) 자신들의 신앙과 믿음을 바꾼 사람들을 두고 회심한 사람들 혹은 회심자라고 한다. 바울이 설교했을 때, 많은 사람들이 예수 그리스도를 믿는 믿음으로 회심하게 되었다.

마법사(sorcerer) 마법사는 마술을 행하는 사람, 즉 요술을 부리는 사람이다. 마법사는 자신의 마술을 이용하여 사람들을 지배한다.

서신서(epistles) 편지글을 서신이라고 부르기도 한다. 그러나 우리가 로마서, 갈라디아서 등 바울의 편지들을 언급할 때는 꼭 '서신서'라는 말을 사용한다.

초대 크리스천들이 숨어서 예배를 드렸던 로마의 카타콤(Catacombs)

바울의 죽음으로부터 콘스탄티누스까지

예루살렘에서 박해를 받은 크리스천들은 그들이 가는 곳마다 복음을 전했다. 바울은 로마제국 전역에 기독교를 전하는 데 가장 큰 책임을 맡은 사람이었다. 비록 반대 세력이 매우 강하긴 했지만, 바울이 순교한 주후 64년경부터 313년 로마의 콘스탄티누스 황제 기간까지 기독교는 지속적으로 퍼져나갔다.

크리스천들은 유대 배경을 가진 사람들이나 이방인들과는 뭔가 다른 분명한 차이를 보였다. 크리스천들은 대부분의 이방인들이 행하는 우상 숭배를 철저히 거부했고, 유대인들이 받아들일 수 없었던

'예수가 메시아 되심'을 적극 선포하였다. 대부분의 사람들은 군사가 되어 일하는 것을 기뻐했다. 그러나 크리스천들은 그리스도에 의해 원수들까지 사랑하라고 배웠기 때문에 군복무를 거부했다. 크리스천들이 사회의 여러 부분들과 근본적으로 다르게 행동한 부분은 적지 않았다. 그들은 너무나도 달랐기 때문에, 때로는 머리가 좀 이상해졌거나 위험한 존재로까지 여겨졌고, 이는 박해의 원인이 되었다.

그러나 교회는 점점 더 성장하였다. 이렇게 교회가 성장하게 된 것은 부분적으로 죽음조차 두려워하지 않는 크리스천들의 용기와 담대함 때문이었고, 부분적으로는 그들의 믿음 때문이었고, 부분적으로는 강한 리더십이 있었기 때문이었다. 그러나 이러한 이유 외에도 아주 중요한 이유가 한 가지 더 있는데, 그것은 그들이 살아가는 삶의 방식 때문이었다. 예전에 부자로 살았던 사람이 자신의 재산을 나누어주었다. 살인자였던 사람이 이제 원수를 위해 기도하는 사람이 되었다. 크리스천들은 서로를 돌아보고 그들의 이웃을 자기 몸처럼 사랑하였다.

비록 크리스천들이 박해를 받았지만, 그들이 항상 모든 곳에서 박해를 받은 것은 아니다. 그들에게도 아주 오랫동안 완전한 평화를 누릴 수 있는 기간도 있었다. 이러한 평화의 기간 동안에, 크리스천들은 자신들의 사상을 정리하고자 노력하였다. 기독교가 전 로마제국에 걸쳐 아주 폭넓게 받아들여진 이래로, 이 교회는 가톨릭 교회(Catholic Church ; 가톨릭은 우주적이라는 의미임.)로 알려지기 시작했다. 로마의 교회는 일종의 지도와 안내가 필요하거나 특별한 가르침을 찾아 도처에서 온 크리스천들로 이루어지게 되었다. 이런 연유로 로마 가톨릭교회가 생겨나게 되었다. 로마 가톨릭교회는 그들이 가르치는 바, 베드로가 그 도시의 초대 감독이라는 사실을 매우 중요하게 생각하고 있다.

또한 주후 200년에서 300년 사이 평화로운 시절 동안, 많은 크리스천들은 기독교에 대한 자신들의 생각을 글로 정리하게 되었다. 그 당시 교회는 어떤 책들이 진실로 기독교적이며 어떤 책이 기독교적이지 않은지 결정해야 했다. 점차로 로마 가톨릭교회가 어떤 책들을 받아들일 것인지 결정하였는데, 이것이 정경(Canon)으로서 신약성경이 되었다. 대략 주후 300년경에 현재 우리가 갖고 있는 신약성경이 완성되었다.

주후 313년경, 콘스탄티누스(Constantine)가 로마의 황제가되었다. 그는 크리스천들에 대한 박해를 멈추도록 했고, 제국을 위한 가장 이상적인 종교로 기독교를 받아들였다. 일요일이 법정 공휴일이 된 것은 바로 이때부터다. 교회와 국가는 이제 손에 손을 잡고 무엇이든 함께하게 되었다. 공식적인 제국의 종교와 더불어, 로마제국

안에 살고 있는 모든 사람들이 자동적으로 기독교인이 되었다. 이것은 이제 크리스천이 된다는 것이 무엇을 의미하는지 실제로 알지 못하는 사람들이 교회 안에 있게 되었다는 것을 의미한다.

콘스탄티누스는 예수를 주로서 확신했기 때문에 기독교를 선택한 것이 아니라 서로 다른 모든 사람들을 포용하기 위한 종교가 필요했기 때문에 기독교를 선택하였다. 기독교가 너무나도 빠르고 광범위하게 퍼졌기 때문에 기독교가 최고의 종교로 나타나게 된 것이다. 콘스탄티누스는 로마제국의 수도를 로마에서 오늘날 이스탄불이라 불리는 콘스탄티노플(Constantinople)로 옮겼다. 이제 로마에는 황제가 없기 때문에, 주교나 교황이 황제의 대리인 역할을 담당하게 되었다. 교회의 리더들은 정부에서 강력한 힘을 발휘하게 되었고, 교회는 제국의 입장에서 성장하게 되었다.

어려운 낱말들

단어:	의미:
정경(Canon)	정경이란 단어는 사물을 곧게 하는 기준 혹은 척도를 의미한다. 어떤 책을 정경으로 받아들이는 것은 마치 자에 눈금을 매기는 것과 같다.

크리스천들이 순교를 당했던 로마 콜로세움 유적의 외부

크리스천들이 순교를 당했던 로마 콜로세움 유적의 내부

콘스탄티누스로부터 십자군 전쟁까지

콘스탄티누스가 기독교를 제국을 위한 종교로 만든 이래, 교회와 국가(State)는 아주 밀접하게 연결될 수밖에 없었다. 이러한 변화는 진지한 크리스천들로 하여금 세속적인 교회를 떠나게 만드는 결과를 초래하였다. 그들은 도시를 떠나 사람들이 없는 곳으로 가서 혼자 살았다. 이러한 사람들은 은자들(hermits) 혹은 수도사들(monks)이라고 불렸다. 그러나 완전히 홀로 살아간다는 것은 사람들을 미치게 만들었다. 그래서 수도사들은 소위 말하는 수도원(monastery)을 만들어 함께 살기도 하였다.

로마제국은 북쪽으로부터 온 사람들에 의해 침략을 받기 시작했다. 이것은 로마제국이 콘스탄티노플을 수도로 하는 동로마제국과 로마를 수도로 하는 서로마제국으로 갈라지는 결과를 초래하였다.

중세시대의 가톨릭교회는 많은 부분에 있어서 초대교회가 믿었던 것과 비슷한 점이 많았지만, 두 교회로 갈라지게 되면서부터 이들은 신앙의 아주 세세한 부분들을 많이 따지게 되었다. 가톨릭과 동방정교(Orthodox Churches)는 자신들의 모든 죄에 대한 답을 언젠가는 얻게 될 것이라고 믿었다. 그리스도는 죽은 사람을 지옥, 연옥(purgatory), 혹은 천국으로 보내는 결정권을 갖고 계신 분이었다. 연옥은 천국에 가기에 충분하리만큼 선하지도 않고, 지옥에 가기에는 그다지 악하지 않은 사람들이 가 있는 곳으로서, 또 다른 기회가 주어지는 곳이라 여겨졌다. 두말할 필요 없이 사람들은 천국에 가기를 원하였고, 교회는 천국에 가기 위해 사람들의 잘못이 하나님에 의해 용서받아야 한다고 믿었다. 그러나 교회는 사람들이 자신을 위해 뭔가 할 수 있는 것이 있을 것이며, 그러한 것을 이루기 위해서는 사랑하고 친절한 사람이 되어야 한다고 믿었다. 하나님께 가기 위한 자신의 길을 찾는 사람을 돕기 위해, 그리고 죄의 용서를 받도록 하며, 그 사람을 좀 더 강하게 하기 위해 교회는 일곱 가지 성사(seven sacraments)를 주관했다. 그 일곱 가지 성사는 세례성사, 견진성사,

고해성사, 미사(주의 만찬), 결혼, 서품, 그리고 종부성사(extreme unction)다. 그러나 가톨릭교회는 이 성사들이 사람을 완벽하게 만들 수 없다는 사실을 잘 알고 있었다.

한편 팔레스타인, 이집트, 북아프리카 및 스페인 지역에서 급속도로 번져가는 하나의 새로운 종교 운동이 주후 622년 아라비아(Arabia)에서 시작되었다. 이 새로운 종교는 이슬람(Islam)으로, 가톨릭교회가 붙들고 있는 영역을 대폭 축소해 놓았다. 이 새로운 종교 지도자인 모하메드(Mohammed)는 우상숭배를 공격하였고, 한 하나님인 알라(Allah)만을 예배하도록 가르쳤다. 이들은 알라를 유대인 및 크리스천들의 하나님과 같은 격의 신으로 여겼다. 모하메드는 모세와 예수도 예언자였지만, 자신이야말로 '참' 예언자라고 말하기를 주저하지 않았다.

그는 무슬림(Muslims)이라고 불리는 자신의 추종자들에게 무슬림들을 위한 교회라 할 수 있는 모스크 안에 사람의 형상을 한 그 어떤 그림들과 성상을 만들지 말도록 가르쳤다. 무슬림들은 거룩한 신전(shrine)이 있는 메카(Mecca)를 향해 자신의 얼굴을 향하도록 한 후 하루에 다섯 번씩 기도해야 했다. 모하메드는 자신의 추종자들에게 천국에서 상을 주실 알라를 위하여 싸우도록 가르치기도 했다. 모하메드의 가르침은 코란(Koran)이라는 경전에 정리되어 있다.

이슬람은 남쪽 지역을 차지하였고, 그 결과 현재 기독교가 융성한 북유럽을 교회가 차지하게 되었다. 수도사들은 이슬람의 번영을 돕는 일에 크게 기여하였다. 많은 수도사들이 세속으로부터 피신해 사막에서 사는 대신, 야만인들(barbarians)이 사는 한복판에 수도원을 짓고 살았다. 그들은 야만인들에게 땅을 경작하고 도로와 다리를 건설하는 방법을 가르쳤다. 수도사들은 아이들을 가르쳤고 책을 베껴 쓰는 일을 하였다.

그 당시 유럽에서 작은 영토들을 다스렸던 통치자들은 사람들이 기독교화되도록 교회를 도왔다. 이런 식으로 교황과 왕들이 밀접한 관련을 갖고 일을 하였다. 그러나 여러 가지 문제들이 발생하게 되었다. 양측이 모두 크리스천이냐 아니냐를 가려야 하는 논쟁을 피할 수 없게 되었다. 문제의 중심은 항상 교회와 국가가 겹치는 영역에서 일어났다. 국가(정부)는 이 땅 위에서 일어나는 사람들의 외면적인 삶을 질서, 정의 및 평화라는 주제 하에 다루었다. 교회는 천국을 위한 삶 및 사람들의 내면적인 삶을 양심, 덕 그리고 인간의 마음이라는 주제 하에 다루었다. 그러나 이러한 것은 그렇게 간단하지가 않았다. 영혼은 몸 밖에 있는 것이 아니고 천국의 길은 이 땅 위에서 그렇게 쉽게 찾을 수 있는 것이 아니었다.

교회는 서로의 땅을 차지하고 성을 파괴하는 등 싸움을 멈추지 않는 이러한 귀족들(통치자들) 가운데 평화를 유지하기 위해 애썼다. 교회는 그러한 싸움을 멈추도록 하기 위해 온갖 애를 다 썼지만, 이것이 쉽지 않자 다른 방법을 시도하게 되었다. 만약 크리스천들이 싸워야 한다면 크리스천들끼리 싸울 것이 아니라 이슬람 신앙을 받아들인 터키 족(Turks)과 싸우도록 하며, 예수가 태어난 성지 팔레스타인 땅을 통치하도록 하는 것이었다. 그리하여 1099년에 성지 탈환 및 성골이나 성물(relics)을 취하기 위한 첫 십자군 전쟁이 일어나게 되었다. 전쟁에 참여한 모든 사람들은 자신들의 죄값을 완전히 면제받도록 보장되어 있었다. 수만 명의 사람들이 예루살렘을 찾아 쇄도했다.[비텐베르크의 지혜자 프레드릭(Frederick the Wise)도 성자들의 유품 5,005점을 소장하였다. 이러한 유품들을 구경한 사람들은 연옥에서 500,000년을 면제받을 수 있는 분량이라고 전해진다.] 터키의 무슬림을 대적하기 위해 총 대여섯 차례의 십자군이 보내졌고, 예루살렘이 함락되었는데도 불구하고 트루크는 어떻게 해서든 그것을 재탈환하고자 끊임없이 노력했다. 어떤 십자군 대열에는 유럽에 있는 수천 명의 어린이들이 참가하기도 했지만, 그들은 한 번도 성지에 도착하지 못했다. 수많은 사람들이 십자군의 행렬에서 죽었다. 어떤 사람은 성지를 가다가 죽었고, 또 다른 많은 사람들은 돌아오는 행렬에서 죽었다. 결국 십자군은 실패의 역사로 자리하게 되었다.

어려운 낱말들

단어: 의미:
국가(State) 여기서의 국가는 한 나라의 정부를 의미한다.

은자들(hermits) 은자는 모든 다른 사람들을 피해 철저히 혼자 사는 사람을 일컫는 말이다.

수도사들(monks) 수도사들도 은자들처럼 분리된 삶을 살지만 은자들과는 다르게 혼자 살지는 않는다. 그들은 다른 수도사들과 함께 살기 위해 가족과 도시를 떠나는 사람들이다.

중세 주후 600년부터 1500년에 이르는 시기를 대개 중세(Middle Ages)라고 부르며, 암흑기(the Dark Ages)라 말하기도 한다.

연옥(purgatory) 개신교들(Protestant Churches)은 일반적으로 연옥이라 부르는 장소를 믿지 않는다. 그러나 가톨릭교회는 그들의 죄가 깨끗해지고 용서를 받기 위해 죽은 사람의 영혼들을 위한 장소가 필요하다고 믿었다. 이 장소가 바로 연옥이다.

성사 가톨릭교회는 거룩하고 성스러운 일 일곱 가지가 있다고 믿고 있다. 그것이 거룩하기 때문에 성사(sacraments)라고 부른다.

종부성사	종부성사(extreme unction)는 일곱 가지 성사 중 하나다. 가톨릭교회의 회원이 죽기 바로 전에 사제가 그 사람의 영혼을 위해 기도하면 그 사람이 구원을 얻을 수 있다는 믿음이다. 이것을 종부성사라고 하며 이생에서의 마지막 예식이 된다.
이슬람(Islam)	이슬람이라는 단어는 항복을 의미한다. 이슬람에 속한 사람은 알라에게 자신의 의지를 완전히 넘기는 사람이다.
신전(shrine)	신전은 거룩하고 성스럽게 여겨지는 돌, 상, 제단 등을 모신 곳이다. 무슬림들은 모든 무슬림들이 메카를 순례할 때 키스를 하기 위한 검은 돌(the Black Stone)을 소유하고 있다.
코란(Koran)	무슬림들은 코란을 알라가 직접 모하메드에게 한 말을 기록한 것이라고 믿는다. 크리스천들에게는 성경이 있고, 무슬림들에게는 코란이 있다.
십자군(crusade)	십자군은 어떤 사람들이 자신들이 악하다고 여기는 것을 없애고 선하다고 여기는 것을 성취해 내기 위한 아주 단순한 인간적 결정과 노력이었다.

십자군은 성지를 회복하고자 했던 크리스쳔들의 원정 토벌대였다.

성물(relics) 거룩한 사람에게 속한 것으로 그의 사후에 소중한 것으로 여겨지는 물건으로 유물이라고도 한다.

십자군 전쟁부터 종교개혁까지

마지막 십자군 전쟁이 있은 지 얼마 지나지 않아, 많은 사람들이 교황과 교회에 대해 실망하게 되었다. 십자군은 완전한 실패로 끝났다. 1291년, 팔레스타인의 모든 지역은 다시금 무슬림의 손에 넘어가게 되었다. 그러나 십자군은 유럽을 일깨우는 데 엄청난 기여를 하였다. 어떤 사람들은 그 어떤 종류의 살생도 역겨워하였기에 닭을 죽이는 것조차 꺼리기도 했다. 프랑스의 피터 왈도(Peter Waldo), 영국의 존 위클리프(John Wycliff), 현 체코슬로바키아 지역이었던 보헤미아의 존 후스(John Huss)와 같은 사람들은 교회가 거짓이라고 여기고 있던 교리들(doctrines)을 가르치기 시작했다. 거짓 가르침을 이단(heresy)이라고 부른다. 교황은 이단을 심사하기 위한 종교재판관(Inquisitors)이라 부르는 특별보좌관들을 임명하였다. 이단이라는 죄목에 해당된 사람들은 이단자들(heretics)로 분류되어 화형에 처해지기도 했다. 이러한 끔찍한 처우를 단행했던 이유는 이단이 하나님을 거스르는 아주 끔찍한 범죄라는 신념 때문이었다.

피터 왈도(Peter Waldo)

프랑스의 아주 부유한 상인이었던 피터 왈도는 가난한 사람들을 도와야 한다는 사상을 진지하게 삶으로 옮기고자 했다. 그는 자신의 재산을 팔아 가난한 사람들에게 나눠주었다. 1177년, 그는 다른 사람들의 회개를 촉구하는 설교를 했다. 교회는 자기 자신의 재산을 팔아 가난한 사람들에게 나눠주는 것에 대하여는 별로 신경을 쓰지 않았으나, 적절한 훈련을 받지 않았다는 이유로 그가 설교하는 것을 원하지 않았다. 교황은 그에게 설교를 하지 못하도록 설교금지령을 내렸다. 그러나 그는 이 명령에 순종하지 않았다. 왈도는 소위 왈덴시안(Waldensians)이라고 알려진 그의 추종자들과 함께 교회에서 추방되었다. 그들은 교회에 의해 아주 혹독한 박해를 받게 되었다. 왈도가 죽은 후, 왈덴시안들은 독일과 이탈리아로 흩어지게 되었다.

존 위클리프(John Wyclif)

영국의 존 위클리프는 권력을 위한 탐욕과 방탕에 빠져 타락하게 된 교회를 다시금 새롭게 하고자 노력했다. 그는 성경을 기본으로 설교하는 일반 성직자들을 발굴하고자 무던히 노력했다. 그렇게 하기 위해서, 그들은 우선 영어로 된 성경이 필요했다. 그래서 그는 라틴어로 되어 있는 성경을 영어로 번역하였다. 문제는 번역된 성경을 다량으로 인쇄해낼 인쇄기가 없었다. 사람들에게 기쁨의 좋은 소식을 전하기 위하여, 위클리프는 지팡이 하나와 옷 한 벌뿐인 맨발의 '가난한 성직자들(poor priests)'을 파송하였다. 그의 추종자들은 롤라드(Lollards)로서 알려지게 되었다. 위클리프는 교회에 대해 상당히 비판적이었으며, 이로 말미암아 그의 운동은 영국에서 박해의 대상이 되었다. 그래서 그는 독일과 프랑스로 가서 자신의 운동을 지속해 나갔다.

존 후스(John Huss)

위클리프의 가르침은 (오늘날 체코슬로바키아로 알려진) 보헤미아까지 번져나갔다. 이곳에서 존 후스는 영국의 위클리프가 설교했던 것과 매우 유사한 내용으로 설교를 하였다. 그는 교회 리더들을 너무나 탐욕스럽고 권력에 굶주려 있는 사람들이라며 비판하였다.

이러한 설교를 주저하지 않았던 그는 곧 이단으로 정죄되었다. 후스는 거짓 가르침을 일삼는다는 죄목으로 고소된 어느 큰 교회 회의(Church Council)에 출석하도록 요청을 받았다. 이 회의에서 이전에 가르친 것들을 모두 취소하라는 명령이 주어졌으나 그는 이를 받아들이지 않았다. 그 결과 1415년에 그는 화형에 처해졌다. 그런데도 후사이트(Hussites)라고 알려진 그의 추종자들은 남아 있었다. 후스가 처형된 지 얼마 되지 않아, 교회는 위클리프의 무덤을 파헤쳐 남아 있는 유골을 불태웠다. 지나간 일이었지만, 그들이 위클리프를 이단이라 여겼기 때문이었다.

이단에 대한 교회의 박해가 매우 혹독했는데도 불구하고, 점점 더 많은 사람들이 교회가 갖고 있는 믿음과 행위에 대해 더 많은 질문과 의심을 갖게 되었다. 1450년경 인쇄기의 발명은 이러한 사람들로 하여금 자신들의 생각을 널리 퍼뜨릴 수 있게 해주었다. 이때부터 성경은 엄청난 숫자로 인쇄되기 시작했으며 좀 더 많은 사람들이 직접 성경을 읽을 수 있게 되었다.

사도시대의 교회로부터 이제 막 시작될 종교개혁까지 약 1,500년이 넘도록 교회는 부자가 되었다. 부자들은 탐욕에서 헤어 나오지 못하고 있었다. 그동안 세습되던 교회의 권력은 로마제국이 붕괴되기 시작하자 더욱더 강력한 권력을 차지하려는 강한 욕망으로 표출되었다. 교회는 죄에 의해 철저히 공략당하고 있었다. 그런데도 불구하고 죄가 교회의 덕(virtues)을 완전히 파괴하고 사라지게 하지는 못했다. 피터 왈도, 존 위클리프, 존 후스와 같은 사람들이 교회의 죄가 무엇인지 지적하였을 뿐 아니라, 장차 마르틴 루터(Martin Luther)에 의해 시작될 종교개혁(Reformation)의 가능성을 열어주었기 때문이다. 종교개혁에 대한 모든 것을 간단하게 표현하자면, 위클리프가 일으킨 불꽃으로 후스가 석탄에 불을 지핀 것을 마르틴 루터가 활활 타오르게 만들었다고 말할 수 있을 것이다.

어려운 낱말들

단어:	의미:
교리(doctrines)	교리는 가르침이며 신조이다. 예를 들어, "하나님께서는 아버지, 아들, 성령님의 세 위로 된 한 분이시다."라고 할 때, 우리는 삼위일체의 교리에 대하여 이야기하는 것이다.
이단(heresy)	이미 교회가 세워 놓은 교리에 반대하여 가르치는 것을 이단이라고 한다.

종교재판관	종교재판관들은 사실을 조사하는 공직자들이었다. 종교재판소는 중세 시대에 많은 이단들을 재판했던 가톨릭교회 법정에 주어진 이름이다. 사람들에게 신앙을 고백하거나 포기하도록 온갖 고문이 가해지기도 했다. 이렇게 종교재판소에서 일하는 사람들을 종교재판관들이라 불렀다.
덕(virtues)	교회 또는 사람들의 선행을 일컫는 말로, 용기, 인내, 선행, 친절 등을 덕이라고 한다. 덕에 반대되는 말은 죄 혹은 악이다.
종교개혁	가톨릭교회의 권력 악용 및 잘못을 개혁하기 위해 1500년대에 마르틴 루터에 의해 시작된 종교 운동으로, 이로 인해 개혁(Reformed) 교회 혹은 개신교(Protestant Churches)가 생겨나게 되었다. 이 운동을 종교개혁이라 한다.

루터와 종교개혁의 시작

마르틴 루터(Martin Luther)라는 독일의 한 수도사는 사람들이 생각하는 것보다 가톨릭교회의 문제가 엄청나게 심각하다는 생각을 하게 되었다. 그의 말에 따르면, 종교는 어떻게 하나님 앞에 인간들이 설 수 있는가를 다루는 것이어야만 했다. 사람은 행위가 아닌 믿음으로 말미암아 구원을 얻는다. 루터에게 가톨릭교회는 인간이 스스로를 구원할 수 있다는 것을 너무나 많이 가르치고 있는 것으로 보였다.

예를 들어, 루터 당시의 가톨릭교회는 면죄부(indulgences)를 팔고 있었다. 루터는 돈을 지불하고 사는 면죄부가 죄의 결과나 처벌을 면제해 주거나 바꾸어놓을 수 없다고 주장했다. 루터는 단지 면죄부를 판매하는 것만을 공격한 것이 아니라, 가톨릭교회가 믿는바, 즉 성사(聖事, 성례전)들이 사람을 구원할 수 있다는 사상과 교황이 교회를 위해 무엇이 옳고 무엇이 그른지를 결정할 권리가 있다는 사상 자체를 공격하였다. 루터는 오직 성경만이 항상 올바르며, 교황은 그렇지 않다고 분명히 밝혔다. 교회는 성경이 말하는 방식을 따라야만 했다. 성경의 가르침을 따르고자 했던 시도는 루터로 하여금 수많은 가톨릭 의식들을 포기하도록 만들었다. 그는 교회에 대해 그가 찬성하지 않는 모든 내용들을 95개 조항의 논제(Ninety-Five Theses)로 정리했다. 그리고 이 내용을 1517년에 비텐베르크(Wittenberg)에 있는 교회 문에 게시했다.

성경의 권위가 교황의 권위보다 우위에 있다는 신념 때문에, 루터는 교회에서 파문되었고 교회에서 쫓겨났다. 1521년에 그에 대한 재판이 보름스(Worms)라는 도시 의회에 의해 개최되었다. 그 회의가 보름스에서 개최되었기 때문에, 그 재판은 훗날 보름스 회의(the Diet of Worms)라고 불렸다. 만약 루터가 가톨릭교회에 대해 그가 말한 모든 것을 취소한다면, 그는 교회로 복직할 수 있었다. 그러나 그렇게 하지 않았기 때문에 루터는 이단으로 정죄되었으며, 누구든지 그를 죽여도 좋다고 공포되었다. 그러나 그의 친구들은 그를 구해 바르트부르크(Wartburg)에 있는 성에 숨겨주었다. 그곳에서 루터는 자신이 누구인지 전혀 밝히지 않은 채, 이웃들과 함께 먹고 마시며 때로는 중세 기사처럼 행동하며 지냈다. 바르트부르크에서 루터는 성경을 독일어로 번역하는 데 상당한 시간을 사용하였다.

루터가 비텐베르크로 돌아가기로 결정하기까지는 그리 오랜 시간이 걸리지 않았다. 그는 잡힐 위험도 있었지만, 가톨릭 통치자들은 터키인들과 전쟁을 하는 데 모든 신경을 써야 했기 때문에 그를 잡을 여유가 없었다. 루터는 지역의 통치자들 중 여러 사람들의 후원을 받을 수 있었고, 그 결과 루터교회(Lutheran Church)를 시작할 수 있게 되었다. 그는 가톨릭 신자들이 드리는 미사(Mass)를 더 이상 드리지 않았고, 수도사들을 위한 규율 또한 더 이상 지키지 않았다. 교회 예배는 간소화되었고, 라틴어가 아닌 독일어로 예배를 드리기 시작했다.

그러나 당시 이러한 변화를 알지 못했던 소작농들이 많이 있었다. 마르틴 루터에 의해 발생한 개혁은 귀족들에 의해 핍박을 받고 있는 이들에게 아무런 도움을 주지 못했다. 그들은 루터가 종교개혁을 더 진행시켜 더 많은 변화를 몰고 오기를 기대했다. 그러나 루터는 개혁을 좀처럼 행동으로 옮기지 못했다. 그 결과, 루터의 제안에 의해 설교를 했던 토마스 뮌처(Thomas Müntzer)라는 사람이 농민들의 엄청난 지지를 얻게 되었다. 농민들은 뮌처가 자신들을 도울 수 있으리라고 여겼다. 뮌처는 농민들로 구성된 군대를 조직하였고, 1525년에 자신들의 손으로 직접 정의를 회복하고자 봉기하였다. 몇 번의 전투가 있었지만, 귀족들이 농민군들을 진압하기까지는 그리 오랜 시간이 걸리지 않았다. 이 사건은 후에 농민혁명(the Peasants' Revolt)이라고 알려졌으며, 후에 나타나게 된 아나뱁티스트들에 대해 루터가 마음의 문을 닫게 만든 사건이 되었다. 루터는 자신의 종교개혁이 충분하지 않다고 한 모든 사람들을 광신도들(fanatics)로 일괄 취급해 버렸다. 비록 이 농민혁명이 아나뱁티스트들에 의해 일어난 것이 아닌데도 불구하고, 루터는 이 농민들과 아나뱁티스트들을 한통속으로 보았는데, 이는 농민들처럼 아나뱁티스트들 또한 루터의 개혁이 훨씬 더 진전되길 원했기 때문이었다. 이로 인해 아나뱁티스트 운동은 루터에 의해 사악한 것으로 여겨졌고 증오의 대상이 되었다.

  한편 다른 교회들이 루터가 시작한 개혁 운동에 동참하기 시작하였다. 어떤 사람들은 루터교회에 동참하였지만, 또 다른 많은 사람들이 여러 다른 그룹들을 형성하게 되었다. 가톨릭교회를 반대하고 나온 모든 교회들은 그들이 가톨릭교회의 질서에 '대항하였기

(protested)' 때문에 개혁이 더 이상 진전되지 못한 1529년부터 프로테스탄트(Protestant)라고 불리게 되었다. 예전에 가톨릭과 동방정교가 분리된 이후, 이제 교회는 프로테스탄트라는 또 한 번의 분리를 경험하게 되었다. 루터교가 형성된 지 얼마 되지 않아 프로테스탄트 교회 내에서도 아주 많은 서로 다른 교회들이 생겨나게 되었다.

어려운 낱말들

단어: 의미:

면죄부(indulgences) 종이쪽지를 사기 위해 사람들이 교회에 돈을 지불하였다. 교회는 이 종이쪽지를 산 사람들이 지불한 돈이 그들을 죄의 심판으로부터 면제시켜 줄 것이라고 주장하였다. 교회의 이러한 의식은 면죄부 판매로 알려졌다. 면죄부를 팔아 생겨난 돈은 엄청나게 비싼 성당을 건축하는 데 사용되었다.

추방 교회로부터 추방된(excommunicated) 사람은 교회의 모든 연락과 의사소통으로부터 격리된다. 이러한 사람은 더 이상 교회의 회원으로도 여겨지지 않는다.

미사(Mass)   가톨릭교회에 의해 시행되는 주의 만찬, 성찬의 축제를 미사라고 부른다. 이 미사에는 수많은 예식이 수반되는데, 사제들은 특별한 의복을 입고 주의 만찬 이외의 많은 것들을 수행한다. 미사는 거의 매일 진행되지만, 대부분의 가톨릭 신자들은 일주일에 한 번 참석한다.

광신도   종교적인 열심을 지나치게 보이는 사람들을 광신도(fanatics)라고 한다. 루터의 시각으로 아나뱁티스트들을 본다면, 당신은 그들이 자신의 종교에 너무 지나친 열심을 내는 것으로 볼 것이며, 당신은 이들을 광신도들이라고 할 것이다. 루터는 아나뱁티스트들을 '쉬바르메르(Schwärmer; 충동에 의해 행동하는 사람들이라는 의미가 있음.)'라고 부르기도 했다.

프로테스탄트 오늘날 로마가톨릭 혹은 동방정교가 아닌 많은 교회들은 프로테스탄트(Protestant) 교회로 알려져 있다. 앵글리칸 교회뿐만 아니라 후터라이트 교회, 메노나이트 교회 및 다른 많은 교회들도 넓은 의미에서는 프로테스탄트 교회의 범주에 들어간다고 볼 수 있다.

츠빙글리와 재세례신앙운동의 태동

 루터 시대에 개혁은 이미 광범위하게 행해지고 있었다. 비텐베르크에서 시작된 루터의 개혁은 서로 다른 수많은 교회들을 위한 개혁의 신호탄이기도 했다. 개혁교회들 중, 루터교회에 합류하지 않고 독자적으로 시작하고자 했던 교회의 숫자 또한 적지 않았다. 실제로 그들은 가톨릭교회의 의식을 포기했던 루터교회보다도 더 많은 개혁이 필요하다고 여겼다. 이러한 새로운 프로테스탄트 그룹들을 '개혁(Reformed)'교회라고 부른다.

 스위스에서는 세 개의 개혁교회가 시작되었다. 첫 번째 개혁교회는 스위스의 독일 영역 내에서 시작된 것으로 단순히 개혁교회(the Reformed Church)라고 부른다. 두 번째 개혁교회는 스위스 취리히(Zurich)에서 시작되어 개혁교회로 성장하였다. 이 그룹은 후에 아나뱁티스트(Anabaptists)들이라고 불렸다. 세 번째 교회는 스위스의 프랑스 영역 내에 있던 제네바(Geneva)라는 도시에서 존 캘빈(John Calvin)에 의해 시작되었다. 이 교회는 후에 장로교(the Presbyterian Church)라고 불리게 되었다. 이 개혁교회들은 스위스 지역에 머무르지 않고 전 유럽으로 전해졌고, 후에 미국으로까지 이어졌다.

이제부터는 재세례신앙운동이라고 불리는 아나뱁티즘에 대해 자세히 살펴보도록 할 것이다. 취리히의 교회 개혁 운동을 이끌어갔던 리더는 울리히 츠빙글리(Ulrich Zwingli)였다. 츠빙글리는 오직 성경만이 교회가 어떻게 행동해야 하는지, 그리고 사람들이 어떻게 하나님을 예배할 수 있는지 알려주는 유일한 안내서라고 믿었다. 그는 교회에서 설교를 했는데 가톨릭교회가 하지 않는 전혀 다른 방식, 즉 마태복음을 처음부터 끝까지 한 구절 한 구절 설교해 나갔다. 이 방식은 사람들이 몇백 년 동안 한 번도 들어보지 못한 성경의 여러 부분을 들을 수 있게 해주었다. 이러한 성경읽기를 통해서 츠빙글리는 주의 만찬이 가톨릭교회가 진행하는 미사라는 방식으로 진행되어서는 안 된다고 믿게 되었다. 츠빙글리는 빵과 포도주가 단순히 그리스도의 몸을 상징한다고 말했고 주의 만찬은 우리를 향한 그의 고통을 기억하는 것이라고 주장하였다. 이러한 이해는 빵과 포도주가 실제 예수그리스도의 몸이라고 여겼던 기존의 교회가 갖고 있던 이해방식과는 완전히 다른 것이었다.

이러한 종교적 변화를 실현하고자 했던 츠빙글리는 취리히 의회가 허락하는 만큼만 실천했다. 의회의 허락을 앞서지 않고자 했던 이러한 방식은 교회와 국가가 여전히 함께하는 방식이었다. 츠빙글

바르트부르크 성의 안뜰. 퇴창이 있는 방이 루터가 사용했던 방이다.

리가 성직자들이 입는 예복을 입지 않으려고 하자, 의회는 그것을 허락하지 않았다. 츠빙글리는 의회의 반대를 그대로 받아들였고, 이전의 방식을 바꾸는 대신 의회가 이러한 개혁에 동의할 때까지 기다리고자 했다.

그러나 츠빙글리의 제자들 중 몇몇은 의회의 결정을 기다릴 의사가 없었다. 그들은 만약 성경이 사람이 어떻게 살아야 하는지 가르쳐주고 있다면, 이를 따르고자 하는 사람은 성경이 말하는 바를 곧바로 실천해야 한다고 믿었다. 그러므로 교회나 성경대로 살고자 하는 사람은 국가의 결정을 기다릴 필요가 없다고 믿었다. 제자들 중 세 사람이 이러한 믿음을 갖고 있었는데, 그들의 이름은 콘라드 그레벨(Conrad Grebel), 펠릭스 만츠(Felix Manz) 그리고 조지 블라우락(Georg Blaurock)이었다. 츠빙글리가 변화를 빠르게 실현하지 않자, 콘라드 그레벨이 마르틴 루터와 토마스 뮌처, 그리고 안드레아 칼스타트(Andreas Carlstadt)에게 편지를 썼다. 종교개혁의 중요한 리더들이었던 이들 중 최소한 한 사람이라도 그들이 원하는 교회의 변화를 도와줄 것이라 생각하였다.

뮌처에게 보낸 편지에서 우리는 콘라드 그레벨이 원하는 변화가 무엇인지 발견할 수 있다. 무엇보다도 그레벨은 츠빙글리처럼 교황이 아닌 하나님의 말씀이 믿음을 결정하는 유일한 권위여야만 한다는 점을 굳게 믿고 있었다. 이 편지에서 그레벨은 신자들이 검에 의해 보호를 받아서는 안 되며 자신을 보호하기 위해 무력이나 폭력을 사용해서도 안 된다는 내용을 기록하였다. 가톨릭교회든 프로테스탄트 교회든 어느 교회도 이러한 것을 실제로 믿지 않았다. 세 번째로 그레벨은 성인세례는 그리스도께 개인적으로 헌신할 수 있는 성인(成人)에게 주어져야 한다고 기록하였다. 이는 성인들만이 그러한 결정을 할 수 있기 때문에 성인들만이 세례를 받을 수 있다는 것이다. 가톨릭교회는 몇 백 년 동안 유아세례를 시행해 오고 있었다. 루터도 츠빙글리도 유아들에게 세례를 베풀어야만 한다고 믿고 있었다.

그러므로 그레벨은 앞의 세 사람 중 그 어떤 사람에게도 지지를 받지 못하게 되었다. 한편 츠빙글리와 취리히 시의회는 만약 자신의 아이라 할지라도 세례를 주지 못하도록 반대하는 부모가 있다면 누구든지 추방될 것이라는 조서를 내렸다. 이것은 가톨릭교회, 루터교회 혹은 개혁교회와 함께하지 않는 사람들에게 박해가 시작되었다는 것을 의미했다.

1525년 1월 21일, 콘라드 그레벨과 펠릭스 만츠 그리고 조지 블라우락은 12명의 다른 사람들과 함께 그들이 성경에서 발견한 것을 시행하기 위해 펠릭스 만츠의 집에 모였다. 그들의 마음에 강한 두려움이 생겨났다. 그들은 기도를 드리기 위해 무릎을 꿇고 하늘에 계신 가장 높으신 하나님께 하나님의 방법과 자비를 보여달라고 기도를 드렸다. 기도 후에, 조지 블라우락이 일어서서 콘라드 그레벨에게 하나님의 이름과 자신의 믿음, 그리고 신앙에 대한 지식을 근거로 세례를 베풀어 달라고 요청하였다. 그는 무릎을 꿇었고 콘라드 그레벨은 조지 블라우락에게 세례를 베풀었다. 그러고 나서 조지 블라우락은 그곳에 참여했던 다른 모든 사람들에게 세례를 주었다. 이 그룹은 세상으로부터 분리된 삶을 살며, 믿음을 붙들고 복음을 가르치는 삶을 살기로 서로 약속하면서 흩어졌다. 그들이 바로 '스위스 형제단(Swiss Brethren)'이라고 알려지게 된 사람들이며, 세례를 다시 받은 사람들이란 의미로 '재세례신자들(아나뱁티스트 Anabaptists)'이라고 불리게 되었다. 물론 이곳에 모였던 모든 사람들은 모두 유아세례를 받았던 사람들이었다.

어려운 낱말들

단어:
추방(expelled)

의미:
어떤 사람이 추방되었다는 것은 그 사람이 억지로 어떤 지역을 떠나도록 강제되었다는 것을 의미한다.

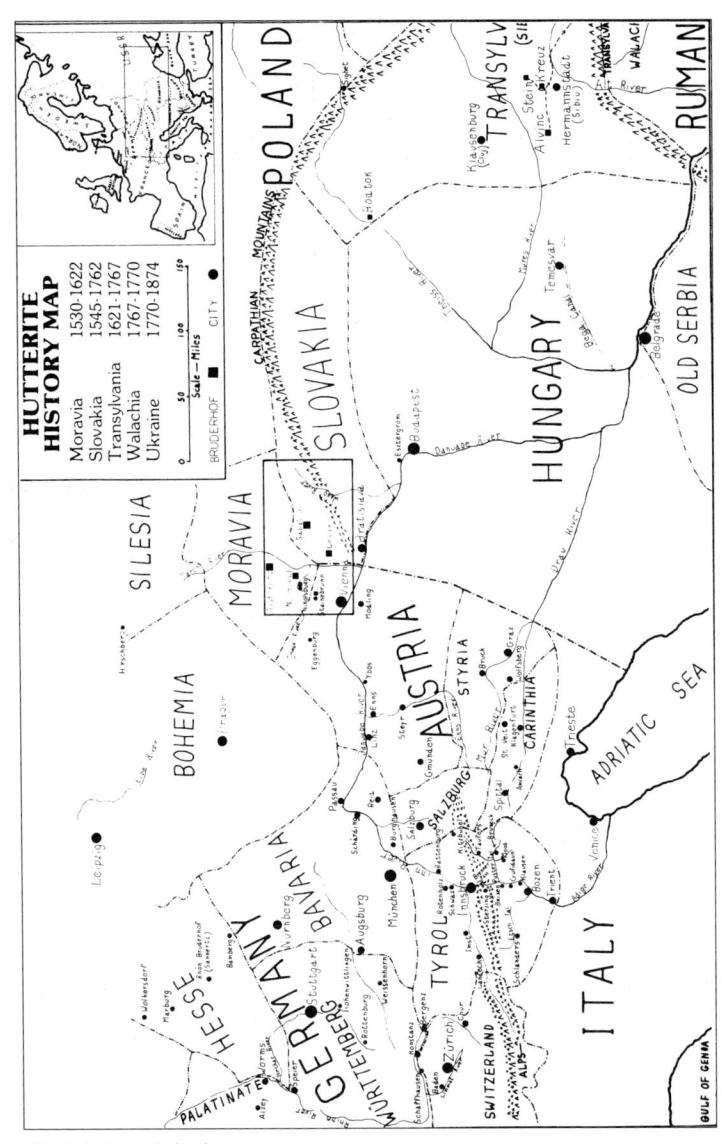

후터라이트 역사 지도

박해와 재세례신앙운동의 흩어짐

재세례신자들은 가톨릭뿐만 아니라 프로테스탄트로부터도 미움을 받게 되었다. 1525년 10월, 그레벨과 블라우락, 그리고 만츠가 체포되어 재판을 받았고, 종신형을 선고받았다. 14일 이후, 어떤 사람이 잠긴 창문을 통해 밧줄을 내려주어 도망칠 수 있게 도와주었다. 그레벨은 스위스 남쪽으로 피신하였는데 그곳에서 흑사병에 걸려 앓다가 죽었다. 1526년 3월 1일에는 취리히의 모든 재세례신자들에게 사형이 언도되었다.

1526년 가을, 펠릭스 만츠가 체포되었고 취리히 시를 흐르는 리마트 강(Rimmat River)에 수장되었다. 배에 실린 만츠의 손은 묶여져 그의 무릎 위에 놓였고, 그의 무릎 사이에 나무막대기를 가로질러 손과 무릎을 함께 묶었다. 이는 그를 물 속에 집어넣기 위해 고안한 방법이었다. 만츠는 최초의 아나뱁티스트 순교자로 기억되고 있다. 이러한 박해 때문에 재세례신자들은 스위스를 떠나 독일과 오스트리아로 피신하게 되었다.

츠빙글리의 교회와 펠릭스 만츠가 수장당한 리마트 강

블라우락은 스위스에서 당시 티롤(Tirol)로 알려진 오스트리아로 가고 있었다. 이곳에서 그는 비밀리에 설교를 하였고, 사람들을 가르치며, 준비된 사람들에게 세례를 주었다. 1529년 8월, 그는 크라우센(Clausen) 근처의 구피다운(Gufidaun)에서 체포되었고 잔인하게 고문을 당한 후 화형에 처해졌다. 피터 왈포트(Peter Walpot)라고 알려진 여덟 살 된 소년이 그의 처형 장면을 목격하였다. 오랜 후에 피터는 모라비아 후터라이트 형제단의 장로가 되었다.

재세례신자들은 자녀들에게 세례를 주지 않고 교회를 국가와 분리시켰기 때문에 박해를 받았다.

재세례신자들은 "성경 시대에 기독교가 국가와 상당한 관계가 있었습니까?"라는 질문을 던졌다.

"물론 그런 것은 아니지만, 지금과 그때는 시대가 다르지 않은가? 이제 국가가 기독교화되지 않았는가?" 하고 상대편이 답변했다.

"정말로 그렇습니까?" 하고 재세례신자들이 질문했다. "정말로 국가를 위해 일하는 모든 사람들이 크리스천입니까? 그들은 크리스천이 아닙니다. 교회는 진실로 그리스도를 따르는 참된 제자들만을 포함합니다. 그러나 국가는 모든 사람을 그 구성원으로 하고 있지요. 그러므로 국가와 교회는 분리되어야만 합니다."

"왜 국가가 기독교적이지 않다는 것인가" 하고 상대편이 질문을 하였다.

"그것은 그들이 전쟁을 하기 때문입니다. 예수께서는 우리에게 원수를 사랑하라고 말씀하셨습니다." 하고 재세례신자들이 대답하였다.

세 사람의 위대한 리더들, 즉 그레벨, 만츠, 그리고 블라우락이 죽고 없었지만 재세례신앙운동은 소멸되지 않았다. 그들의 리더십은 그들의 제자들에 의해 이어졌다. 재세례신앙운동은 오스트리아와 남부 독일 전역으로 빠르게 번져나갔다. 티롤과 오스트리아에서 정부는 재세례신자들을 색출해내기 위한 '토이퍼자거(Täuferjäger)'라는 군대를 조직했다. 재세례신자들을 수색하여 죽이는 것이 그들의 임무였다.

박해가 너무 가혹하게 진행되자, 재세례신자들은 티롤을 떠나 모라비아(Moravia; 체코슬로바키아 지역)로 피신하게 되었다. 이곳에서 리흐텐스타인(Liechtenstein) 지역의 영주들, 특히 레온하르트(Leonhard)는 재세례신자들을 보호해 주었다. 모진 박해 속에서 이러한 '약속의 땅(Promised Land)'이 있다는 소문이 전해지면서, 재세례신자들이 티롤, 오스트리아, 스위스 및 독일을 떠나 니콜스버그(Nikolsburg) 주변의 지역으로 끊임없이 몰려들었다. 1527년 그곳에는 약 12,000명의 재세례신자들이 모여 살게 되었다.

한 지역에 그렇게 엄청난 수의 재세례신자들이 모여 있다는 것은 국가교회에게는 큰 고민거리요 걱정거리였다. 국가는 레온하르트에게 그 지역에 사는 모든 재세례신자들을 없애버리라는 명령을 내렸다. 자신이 다시 세례를 받음으로써 재세례신자가 되었던 레온하르트는 이 명령을 거절하였다. 국가가 자신을 복종시키기 위해 군대를 보내는 일이 그리 어렵지 않은 일임을 알고 있던 레온하르트 폰 리흐텐스타인은 재세례신자들을 한군데 모았다. 그는 재세례신자들에게 국가의 군대가 자신을 잡으러 곧 오게 될 것이라는 사실을 말해 주었고, 모든 사람들이 자신의 성을 지켜줄 것을 요구하였다.

이러한 상황에 대해 즉시 두 개의 상반된 반응이 나타났다. 발타자르 후브마이어(Balthaser Hubmaier)와 그의 추종자들은 레온하르트의 요청에 따라 방어를 위한 준비를 하기로 결정하였다. 그러나 제이콥 위드만(Jacob Wiedmann)과 그의 추종자들은 크리스천은 무력을 통해 자기 자신을 방어해서는 안 된다는 그리스도의 가르침을 따르기로 결정하였다. 후브마이어를 따르는 사람들은 검을 소유하는 데 동의하였기 때문에 '슈버틀러(Schwertler; 검을 소지한 사람들)'이라 불렸다. 한편 위드만을 따르는 사람들은 자신의 손에 지팡이를 들고 성을 떠나기로 결정하였기 때문에 '스태블러(Stäbler; 지팡이를 소지한 사람들)'라고 불렸다. 스태블러 그룹은 니콜스버그 외

곽에 위치한 베르겐(Bergen)에 정착하였다.

실제로 국가 군대는 도착하지 않았지만, 이 두 그룹은 그대로 존속하게 되었다. 얼마 후에 한스 후트(Hans Hut)라는 강력한 설교가가 이 지역에 도착하였다. 한스 후트와 후브마이어 사이에 전쟁 세금에 관한 문제와 검의 사용에 대한 문제로 열띤 논쟁이 벌어졌다. 그러나 이 논쟁은 아무런 결과를 얻어내지 못한 채, 후브마이어가 체포되어 화형에 처해졌다. 한스 후트 또한 얼마 후에 체포되어 사형에 처해졌다. 후브마이어의 죽음과 더불어 '슈버틀러(Schwertler)' 그룹은 사라지게 되었으나, '스태블러(Stäbler)' 그룹은 모라비아에 남게 되었다.

유무상통 공동체의 시작과 제이콥 후터

후브마이어와 후트 간의 논쟁이 있은 지 얼마 후에, 로마 정부는 모라비아 지역의 귀족들에게 세금을 내도록 압박하기 시작하였다. 그 세금은 터키족과의 전쟁에 필요한 자금을 충당하기 위한 것이었다. 레온하르트가 전쟁 세금을 내지 않는 재세례신자들이 누구인지 알리기를 지속적으로 거부하자, 정부는 무력으로 그를 협박하기 시작했다. 이렇게 되자 리흐텐스타인은 대포를 그의 영토 경계에 배치하여 어떤 군대라도 기꺼이 맞이하겠다고 답신하였다. 이 점에 대해 위드만이 이끌고 있던 '스태블러(Stäbler)' 그룹은 그 어떤 무력에 의한 보호 없이 그들을 받아줄 수 있는 귀족을 찾아 그 지역을 떠나갔다. 이러한 비폭력에 대한 신념은 이 그룹 내에 너무나 엄격해서 그 어떤 무기를 사용하여 자신을 보호하고자 하는 사람을 허락하지 않았다.

그 당시 자신의 재산을 팔거나, 아예 그냥 버리고 니콜스버그를 떠난 사람들이 200명이나 되었다. 그들은 당시 자신들이 처한 상황에 대해 무엇을 어떻게 해야 할지 논의하기 위해 사람이 없는 마을에 천막을 쳤다. 그들 중에 청지기를 임명하고 사람들 앞에 외투를 펼쳐 놓았다. 모든 사람들은 선지자들과 사도들의 가르침을 따라 자신들이 갖고 있던 소유물들을 기꺼운 마음으로 외투 위에 내려놓았다.

1528년에 일어난 이 일은 모라비아 재세례신자들 간에 완전 공동의 재산이라는 엄청난 행보의 시작을 알리는 잊지 못할 사건으로 기록되었다. 그 당시 오스터리츠(Austerlitz) 마을의 북쪽으로 피난민들이 지나가고 있었다. 그들은 울리히 본 카우니츠(Ulrich von Kaunitz)와 그의 형제들에게 그 지역에 정착할 수 있게 허락해 달라고 요청해 왔다. 카우니츠 형제들은 그들이 전쟁과 세금에 관한 조건에 동의하자, 그들이 그 지역에 머물 수 있도록 환영하였다. 지역 사람들은 그들이 잘 정착할 수 있도록 많은 도움을 주었다. 어떤 사람들은 집을 짓는 목재를 제공하기도 하였다. 그 다음 해, 더 많은 피난민들이 이 지역의 공동체로 받아들여졌다. 그들 중 많은 사람들이 티롤로부터 이주해온 사람들이었다.

오스터리츠 지역의 위드만 그룹 외에, 모라비아에는 두 개의 공동생활 그룹이 더 있었다. 가브리엘 아서햄(Gabriel Ascherham)에 의해 설립된 한 컬러니가 로시츠(Rossitz) 근처에 있었고, 필립 프레너(Philip Plener)가 이끌었던 필립 브라버멜(Philip Blabermel)이라고 불리는 또 다른 컬러니가 오스피츠(Auspitz)에 위치해 있었다.

티롤의 부스터탈 계곡(Buster Tal Valley)에 있는 부르넥(Bruneck) 근처의 무스(Moos)에서 태어나고 그곳에서 자란 제이콥 후터(Jakob Hutter)는 1529년에 오스터리츠에 처음 그 모습을 드러냈다. 후터는 모자를 만들어 파는 사람으로 스피탈(Spittal)에서 재세례신자가 되었고, 후에 조지 블라우락의 뒤를 이어 티롤 지방의 재세례신자들을 위한 목사가 되었다. 제이콥 위드만으로부터 모라비아가 아주 평화로운 지역이라는 좋은 소식을 들었던 후터와 그를 돕는 시몬 쉬칭거(Simon Schützinger)는 만약 그들이 추구하는 정신이 같다면, 기꺼운 마음으로 연합할 수 있으리라는 생각으로 위드만 그룹을 방문하였다. 위드만 회중(congregation)의 생활 방식은 후터에게 아주 강한 인상을 심어주었고, 그래서 티롤 지역에 있는 자신의 무리의 이름을 걸고 그들의 회중에 합류하였다. 약 480km나 떨어져 있는 티롤로 돌아오는 여행에서 그는 모라비아로 보내기 위한 아주 작은 피난민 그룹을 조직하였다. 이주 자체가 매우 위험스러웠기 때문에 그것은 '뵐커(Völker)'라고 불리는 여러 작은 그룹들로 나누어서 시행해야 했다.

처음에 위드만은 오스터리츠에 있는 공동체의 탁월한 리더였다. 그러나 피난민이 점점 더 늘어나게 되면서, 후터가 티롤 지방의 사람들에 대한 책임을 맡을 조지 자운링(Georg Zaunring)을 준비시켰다. 날씨가 너무 추워서 밖에서 모임을 가질 수 없게 되자, 공동체를 세 개의 그룹으로 나누어야 했다. 각 그룹은 저마다 다른 리더와 함께 다른 처소에서 모여야 했다. 위드만과 자운링 외에 콘라드 그레벨과 함께했던 빌헬름 뢰벨(Wilhelm Räbel)이 또 다른 리더가 되었다. 얼마 후 이 그룹들 간에 파벌(factions)로 인한 갈등이 생겨났다. 교회의 규율들과 훈계 및 소유재산의 잘못된 관리에 대한 내용들은 아주 논쟁적인(contentious) 이슈들이 되었다. 그 결과 자운링과 뢰벨이 약 350명의 추종자들과 함께 오스피츠로 떠났다. 약 250명 정도의 사람이 위드만과 함께 남게 되었다.

이 두 그룹, 즉 오스터리츠에 있는 하나의 그룹과, 오스피츠에 있는 하나의 그룹이 제이콥 후터에게 이러한 문제들을 해결해 달라고 도움을 요청해 왔다. 그는 위드만 그룹에 잘못이 있음을 발견했으나, 이미 깨어진 관계를 회복하기가 쉽지 않음을 알고 있었기에 다시 티롤로 돌아갔다. 그러나 곧 자운링과 뢰벨도 겉보기와는 달리 그렇게 올바르지 못한 부분이 있다는 것이 발견되었다. 자운링은 간음을 범한 자신의 아내를 공동체 앞으로 데리고 나와 훈계를 받도록 해야 했으나 그렇게 하지 않았다. 이로 인해 그는 공동체에서 쫓겨났다. 뢰벨은 비밀리에 돈을 숨겨두어 공적인 위치에 서지 못하게 되었다. 티롤 지방으로부터 후터와 쉬칭거(Schüzinger)가 도착하였고, 쉬칭거가 리더로 임명되었다. 이때, 공동생활을 하는 두 개의 다른 그룹들이 생겨났는데, 가브리엘 아셔햄(Gabriel Ascherham)이 이끄는 가브리엘라이트(Gabrielites)들과 필립 블래버멜(Philip Blabermel)이 이끄는 필립파이트(Philipites)들이 쉬칭거 공동체에 합류하였다.

　이러한 와중에 후터는 티롤 지방으로 갔다가 1533년 다시 모라비아로 돌아왔다. 그는 이렇게 나뉜 그룹들을 위한 리더십이 필요하다는 하나님의 부르심을 느끼게 되었다. 그러나 그가 그룹들의 실패와 부족한 점, 그 외의 다른 이야기들과 세속적인 것들, 가족관계로 인한 시기심 등에 대하여 언급하자, 그의 리더십은 거절되었다. 그러나 이때 두 사람의 새로운 회심자가 자신들의 소유의 일부분을 비밀리에 보유하고 있다는 사실이 드러났다. 상황이 이렇게 되자 이제 다른 집들도 체크하게 되었고 놀랍게도 쉬칭거에게도 약간의 돈이 감춰져 있었다는 사실이 드러났다. 가브리엘 아셔햄과 필립 블래버멜이 쉬칭거를 후원하였기 때문에 그들은 쉬칭거와 함께 모두 추방되었다. 이러한 상황으로 말미암아 후터가 '보스테허(Vosteher, 장로)'로 선출되어 리더십으로 세움을 받았다.

어려운 낱말들

단어: 　　　　　　　　　의미:
회중(congregation) 　　　회중은 함께 예배를 드리는 사람들의 전체 그룹 혹은 몸을 말한다.

뵐커(Völker) 　　　　　　소그룹들이 '뵐커(Völker)'로 불리게 된 이유는 독일어 '볼크(Volk)'가 사람들의 그룹을 의미하기 때문이다. '뵐커(Völker)'는 수많은 소그룹을 말한다.

파벌(factions) 　　　　　이 단어는 분열이 있는 상황을 말하며, 분열된 각 그룹은 자신들의 일에만 관심을 갖는다.

박해와 제이콥 후터의 죽음

1535년 후터라이트와 모라비아에 있는 모든 재세례신자들은 더욱 더 가혹한 박해를 받게 되었다. 귀족들에게 모든 재세례신자를 내쫓도록 끊임없이 요구했던 페르디난트 왕(King Ferdinand)이 직접 감옥에 모습을 드러냈다. 그는 귀족들이 자신의 말에 복종하도록 무력을 사용하며 지속적으로 협박해 왔다. 자신들의 생명에 위협을 느끼게 된 영주들은 그의 명령을 따를 수밖에 없었다. 모든 재세례신자들은 자신들이 살던 마을에서 추방되었다. 후터와 그의 추종자들도 자신들의 땅에서 떠나도록 강요되었다. 박해가 몇 달 동안 지속되면서 점점 더 가혹해져갔다. 후터라이트 그룹은 자신들의 소유를 간단히 정리해 등짐을 지고, 작은 그룹들 혹은 짝을 지어 유랑해야만 했다. 그들은 마치 들판에서 쫓겨난 갈 곳 없는 양떼들 같았다.

자신들의 신앙 때문에 고난을 받았던 사람들 가운데, 어떤 사람들은 아주 특별한 모습의 용기를 보여주기도 했다. 목사였던 마르틴 말러(Martin Maler)와 밀가루 공장에서 조수로 일하고 있던 열여섯 살 된 소년을 포함한 여섯 형제들이 슈바비쉬 그문텐(Schwäbish Gmunden)에서 체포되어 약 42주 동안 감옥신세를 져야 했다. 그들은 오랜 기간 동안 고문을 당하고 끝내 참수형에 처해졌다. 이들을 담당했던 정부공직자 중 한 사람이 이 밀가루 공장의 소년에게 연민을 느끼며, 만약 후터라이트 신앙을 떠나면 자신의 양아들로 입양하겠다는 큰 호의를 베풀었다. 그 소년은 그 제의를 거절하고 용맹스럽게 죽음의 길을 선택하였다. 한편 사형장으로 가기 위해 어느 다리를 건너가고 있던 마르틴 말러는 "이 다리 위로 더 이상 신실한 사람들이 이끌려가지 않기를 바라노라."[1]라는 말을 했는데, 그날 엄청난 폭풍우가 몰아쳐 이 다리가 끊어졌다. 그날 밤 처형 장소를 지나가던 한 여행객이 일곱 개의 밝은 빛들을 목격했으며, 아주 아름다운 노랫소리를 들었다고 보고했다. 이러한 것에 대해 법정은 관심을 갖게 되었고 그 여행객에게 이러한 사실을 말하지 못하도록 요청했다.

감방에 갇혔던 요하네스 바이어(Johannes Baier)라는 사람과 관련된 또 다른 이야기가 전해지고 있다. 밤베르크(Bamberg)의 감방에서 그가 형제들을 얼마나 그리워하며 외로워했는지를 기록한 아주 슬픈 편지를 보내왔다. 편지에서 그는 가능한 온갖 방법이 있다면 성경 한 권을 자기에게 보내달라고 요청했다. 그는 자신이 갖고 있는 것이 한 첩의 편지지와 초 여섯 개, 깃털에 꽂힌 펜, 그리고 신앙이 전부라고 기록했다. 그는 23년 동안 감옥에 갇힌 상태로 지냈지만 한 순간도 자신의 믿음을 저버리지 않았다. 그는 1551년에 감옥에서 숨졌으며, 후터라이트 역사상 가장 장기간 감옥수로 기억되고 있다.

니콜스부르크(Nikolsburg)

푸스터 계곡(Puster Valley)

후터가 태어난 세인트 로렌젠(St. Lorenzen, 무스 Moos)에 있는 집. 배경에는 미첼스부르크(Michelsburg)가 보인다.

제이콥 후터의 동료이자 선교사였던 피터 보이트(Peter Voit)는 1534년에 오스트리아에서 체포되어 에겐부르크(Egenburg)에 있는 어둡고 침침한 지하감옥에 수감되었다. 그의 발목과 손목은 쇠고랑으로 단단히 채워졌고 괴저(gangrene)로 인해 그의 손과 발이 문드러져 가고 있었다. 아무런 희망조차 없이 그는 고통을 당해야만 했고 자신의 발톱을 갉아먹는 쥐들을 쳐다보고 있어야만 했다. 후에 그는 석방되어 형제단에 다시 합류하였으나, 그의 두 발을 잘라야만 했다. 그는 1570년에 숨을 거두었다.

박해로 말미암아, 후터를 따랐던 사람들 중에 어떤 이들은 모라비아를 떠나 티롤로 돌아가기도 했지만 대부분은 모라비아에 머물러 있었다. 어떤 이들은 숲과 들판에 자신들의 몸을 숨겼고, 어떤 사람들은 왕의 명령을 두려워하지 않았던 영주들의 집에 몸을 은신하며 지냈다. 제이콥 후터는 티롤로 도망가는 형제들에게서 몸조심하라는 권고를 받았다. 숨어서 지내는 동안 그는 흩어져 있는 형제들을 위로하고 믿음에 머물러 있으라는 편지를 써 보냈다.

후터를 잡아들이기 위한 현상금으로 약 40길더(guilder ; 대략 대학교수가 1년 동안 받는 봉급에 해당함.)가 제시되었다. 1535년 11월 29일, 후터와 그의 아내 카트리나(Katrina)가 오스트리아에서 잡혔다. 그는 즉결심판을 받기 위해 인스브루크(Innsbruck)로 이송되었다. 비록 형틀에서 행해진 가혹한 고문과 모진 채찍질이 있었지만, 후터는 함께 모였던 그 어느 형제들의 이름이나, 그가 행했던 선교의 방식이 어떤지 전혀 발설치 않았다. 페르디난트 왕은 그를 따르는 결과가 어떠한지 공식적으로 보여주기 위해 그를 만인이 보는 앞에서 공개 처형하기로 결정했다. 특별한 고문방법이 준비되었다. 후터는 묶인 채로 얼음물에 담가졌다가 뜨겁게 달궈진 방에 집어넣어졌다. 그리고 상처 난 몸 위에 브랜디를 붓고 불을 붙이기도 했다. 그의 공개 화형식은 1536년 2월 25일에 이루어졌다. 잠깐의 틈을 타 도망을 칠 수 있었던 그의 아내는 다시 체포되어 2년 뒤에 사형에 처해졌다.

현세와 영적인 문제들에 있어서 제이콥 후터만큼 형제들에게 신실했던 사람도 드물 것이다. 1533부터 1535년까지 대략 3년 동안, 그가 모라비아의 후터라이트를 위한 리더였을 때, 그 지역에 있던 14개의 재세례신자 그룹들을 위해 결정적인 리더십을 발휘하였다. 그의 리더십은 이 그룹들에게 영구적인 형태로 남아 있게 되었다. 그는 시샘과 분파의 문제가 있거나 협박에 직면했을 때, 두려움 없이 일해야 할 필요성과 공동생활의 필요성을 사람들에게 보여주었다. 후터에게는 제비뽑기로 리더를 선정하는 것이 하나님께서 부르신 내면적 소명만큼 중요하지 않았다. 그가 편지에서 말했듯이, 그는 하나님의 부르심으로부터 도망할 수 없었다. "(전능하신 하나님께서) 자신의 선택하신 거룩한 백성들을 위해 나를 경비원으로 임명하셨고, 목자요 돕는 자로 임명하셨다."[2] 후터라이트(Hutterites) 혹은 후터라이트 형제단(Hutterian Brethren)이라는 호칭은 바로 제이콥 후터에게서 비롯된 것이다.

후터의 죽음 이후에도 박해는 계속되었다. 당시의 후터라이트들이 어떻게 박해를 당했는지에 대한 전형은 1539년 니콜스부르크에서 그리 멀리 떨어져 있지 않은 오스트리아의 스타이나부룬이란 지역에서 발생한 한 사건이 잘 말해주고 있다. 여러 아나뱁티스트 배경을 갖고 있는 136명의 남자와 여자들로 구성된 한 그룹이 후터라이트에 합류하기 위해 모임을 갖고 있었다. 이들은 경찰들의 급습을 당하여 팔켄스타인 성(Falkenstein Castle)으로 잡혀가게 되었다. 정부당국이 이들의 모임에 대한 소식과 이들이 잡혔다는 소식을 들었다. 그리하여 사제들을 통해 그들의 돈이 어디에서 나왔는지 캐묻고, 국가종교로 그들을 회유하려 했지만 모두 헛수고였다. 그들 중 단 한 명이라도 국가종교로 회유하려고 했던 당국의 노력이 실패하자 사제들은 여자들을 석방시켰다. 그러나 나머지 90명의 남자들은 트리스테(Trieste) 시의 항구로 이송되었다. 그들은 남자들을 지중해에서 벌어진 터키와의 전쟁에 필요한 갤리선의 노예(galley slaves)로 팔아버렸다. 그러나 그들은 사슬을 연결시켜 나가면서, 감옥의 벽을 넘어

도주하였다. 그들 중 열두 사람이 다시 잡혔는데, 그 후로 이들의 소식을 아는 사람은 아무도 없었다.

오스터리츠의 위드만 그룹 또한 이러한 식의 고문을 당하였다. 다른 수많은 사람들과 함께 있었던 위드만은 비엔나에서 처형되었다. 그의 그룹에 속해 있던 나머지 사람들은 후터라이트에 합류하였다.

어려운 낱말들

단어:	의미:
길더(guinder)	1길더는 대략 160원 정도에 달한다. 160원은 현재는 가치가 별로 없지만, 당시에 1길더는 엄청난 돈이었다.
갤리선 노예	갤리는 납작한 배로 돛과 노를 이용하여 운행한다. 바람이 적을 경우 노를 저어야만 하는데, 이때 갤리선 노예들이 동시에 노를 저어야만 한다.

후터 이후의 리더십과 선교적 순교자들

한스 아몬은 후터의 뒤를 이어 장로인 '보스테허(Vorsteher)'로 선출되었다. 그의 첫 임무는 박해를 받는 형제들에게 제공되는 식료품과 거처를 돌보는 일이었다. 1536년 부활절, 그들이 집을 떠난 후 1년이 지났을 때, 형제들이 숲속에서 주의 만찬을 기념하게 되었다. 그들은 그룹을 여섯에서 여덟 개의 그룹으로 나누었고, 은밀한 중에 귀족들에게 필요한 일감을 알아보았다. 그들이 매우 신실하게 일을 하였기 때문에 이러한 일이 가능하였다. 이들의 일은 일반적인 노동뿐 아니라, 모라비아 지역의 영주들이 감사를 표할 정도로 더 많은 책임감을 요하는 위치의 일이었다. 그들은 다시금 영주들의 땅에 정착할 수 있도록 허락되었고, 곧 '브루더호프(Bruderhofs)'들로 다시 조직되었다. 공동체들은 번영을 누리게 되었고 새로운 브루더호프들이 형성되기까지 했다.

『연대기 Die älteste Chronik』와 『순교자들의 거울 Martyrs Mirror』에 후터라이트 선교사들이 겪은 고통과 고문에 대한 이야기들이 많이 실려 있다. 이들 중 티롤 지역에서 선교를 하던 한스 퓌흐너(Hans Pürchner)가 어떻게 잡혔고 투옥되었는지에 대한 이야기가 들어 있다. 그는 발가벗겨졌고 끈에 묶여 공중에 매달려 있었는데, 그는 설 수 없고 손에서 입으로 음식을 가져갈 수조차 없는 상태가 되었다. 엄청난 고통에도 불구하고, 그는 누가 자기와 함께 지냈는지 그 사람들의 이름을 전혀 발설하지 않았다. 그는 발목과 손목에 쇠사슬이 묶인 채 약 6개월이 넘도록 지하 감옥소에 갇혀 있었다. 그가 무릎을 구부릴 수조차 없게 되자, 그는 앉아 있는 자세로 기둥에 몸을 기대었고 그렇게 참수형에 처해졌다.

믿음을 버리도록 퓌흐너를 설득했던 사제들 중 하나였던 레오나르드 닥스(Leonnard Dax)는 후에 자신의 가톨릭 신앙을 포기하고 후터라이트가 되었다. 이 사건이야말로 선지자의 예언이 현실로 된 사건이라 할 수 있겠다. "너를 멸망시키고자 하는 자들이 급히 너를 다시 세우고자 할 것이며, 너를 비천하게 만드는 사람들이 네 안에서 살게 될 것이라."

한스 크랄(Hans Kräl)은 푸스터 탈(Puster Tal)에 있는 타우퍼스(Taufers) 지역에서 선교를 수행하던 도중에 잡혔다. 그는 형틀로 온몸을 잡아 늘이는 아주 잔인한 고문을 당하였다. 그런데도 그는 자신의 신앙을 포기(recant)하지 않았고 다른 재세례신자들의 이름을 발설하지 않았다. 크랄은 또한 성탑 밑에 딸려 있는 지하 감옥에 갇혔는데, 그곳은 아주 습하고 물기가 많은 곳이었다. 그의 옷이 몸에 달라붙어 썩어갈 정도였다. 그의 변함없는 태도 때문에 다시 공동체로 돌려보내졌을 때, 성한 것은 그의 목에 걸려 있는 칼라뿐이었다. 성탑 밑의 지하 감옥에는 벌레들이 너무 많아 그가 음식을 먹을 때면, 음식을 받는 즉시 선 채로 모두 먹어치워야 할 정도였다. 그렇게 하지 않으면 벌레들이 음식을 뒤덮어버리기 일쑤였다. 약 23개월간의 감옥 생활을 한 후, 그는 갤리선으로 보내지도록 언도되었다. 바다로 가는 도중, 그는 경비원이 포도주에 취해 있을 때 도주할 틈을 얻었다. 그는 자신을 목회자로 선출하였던 곳인 모라비아로 돌아왔다. 후에 크랄은 브루더호프의 리더가 되었다.

훗날 후터라이트 역사에서 유명한 선교사로 알려진 젊은 한스 멘들(Hans Mändl)이 지역 판사가 보낸 군대에 의해 잡혔다. 그는 스터칭(Sterzing)에서 쇠사슬에 묶여 약 26주 동안을 보냈고, 몽둥이로 엄청나게 두들겨 맞았다. 그는 감옥 문들 중 하나가 제대로 잠기지 않은 채 열려 있는 것을 발견하고 가까스로 도망칠 수 있었다. 1544년에 멘들은 란데크(Landeck)에서 다시 체포되어 22주 동안 수감되었고 다시금 엄청난 고초를 당하였다. 이번에 그는 자신이 묶였던 수갑을 두 개의 돌로 부숴버렸다. 그리고 자신을 고문하는 데 사용되었던 밧줄과 음식을 달아 내리던 밧줄을 이용하여 성탑을 벗어날 수 있었다.

4년 뒤인 1548년, 멘들은 세 번째로 다시 체포되었다. 11주간 형틀에서의 고문이 있은 후, 그는 다른 형제와 함께 이들을 동정했던 한 여인의 도움을 얻어 다시 탈출하였다. 그녀도 이들이 도망하는 동안 함께하였고, 후에 후터라이트가 되었다. 멘들은 1560년에 네 번째이자 마지막으로 다시 체포되었다. 벌레와 곤충이 떼 지어 몰려들었던 10.8미터 깊이의 탑에 갇히게 된 그는 다시금 도망해 나갈 기회를 엿볼 수가 없었다. 음식을 곧바로 먹지 않으면 쥐가 모든 것을 가져가 버렸다. 이번에는 그가 잡히던 바로 그날 사형 선고가 내려졌고, 지체 없이 사형이 집행되었다. 그의 사형 집행 장면을 지켜보기 위해 많은 사람들이 모여들었다. 레오나르드 닥스는 동정어린 마음으로 그의 손을 꼭 쥐었고, 사다리에 묶인 멘들은 화염이 솟아오르는 불 속에 산 채로 던져졌다.

1542년에 아몬(Amon)이 사망한 뒤, 레오나르드 란젠스틸(Leonald Lanzenstiel)이 감독의 자리에 올랐다. 아몬은 죽기 전에 란젠스틸을 후계자로 임명했다. 자신이 형제들(the Brotherhood)을 제대로 이끌어갈 수 없겠다는 느낌을 가졌던 란젠스틸은 당시 감옥에 수감되어 있던 피터 리드만(Peter Riedemann)에게 함께 리더가 되어줄 것을 요청했다.

실레시안(Silesian) 구두제조업자인 리드만은 1506년에 독일의 허쉬베르크(Hirschberg)에서 태어났다. 1529년에 그는 자신의 재세례신앙으로 인해 그문텐(Gmunden)에서 3년간 투옥되었다. 감옥에서 빠져나와 재세례신자였던 카타리나(Katharina)라는 소녀와 결혼한 그는 모라비아의 후터라이트 형제단에 합류하였다. 리드만이 아주 유명한 리더로서 모습을 드러낸 때가 바로 이 시점이었다. 그는 뉘른베르크(Nürnberg)의 프랑코니아(Francoia)에 선교사로 파송되었으나 정부당국에 잡혀 수감되었다. 4년 후, 뉘른베르크에서 다시는 설교를 하지 않겠다는 약속을 하고서 풀려났다.

모라비아로 돌아가는 길에 리드만은 북오스트리아 지역에 남아 있는 필립파이트 형제들(Philippite Brethren)을 방문했다. 그는 스테이나부룬(Steinabrunn)에 급습이 있은 지 며칠이 지나지 않았을 때 형제들의 집에 도착했다. 그는 잡혀간 형제들에게 위로의 편지를 써 보냈다. 두 달 후에 그는 다시금 헤세(Hesse)라는 지역으로 선교여행을 떠나게 되었다. 그의 설교를 듣고, 엄청난 사람들이 모라비아로 오게 되었다. 1540년 그가 헤세에 있던 동안, 다시 정부당국에 체포되었고 모라비아에서 감옥생활을 해야 했다.

    감옥에서의 그에 대한 처우는 다른 수많은 아나뱁티스트들과는 달리 그다지 혹독하지 않았다. 그는 다른 죄수들의 신발을 만들도록 허락받았다. 얼마 되지 않아 그는 볼커스도르프(Wolkersdorf)에 있는 성 근처로 이송되었다. 이곳에서 그는 죄수의 몸으로서 완전한 자유를 누릴 수 있었고, 많은 방문객을 맞아들이기도 했다. 리드만이 그 유명한 '신앙고백서(Rechenschaft)'를 쓰게 된 곳이 바로 이곳이었다. 이 신앙고백서의 목적은 헤세 지역을 통치하고 있던 영주 필립에게 재세례신앙운동의 관점과 신앙에 대해 알려주기 위함이었다. 리드만은 그의 신앙고백서에서 후터라이트 교회에 적용되는 신앙의 근본적인 요소들을 분명하게 표현해 냈다. 세례, 주의 만찬, 기도, 찬송, 기독교인과 전쟁, 옷, 치장에 대한 분명한 입장은 현재까지도 후터라이트들이 받아들이고 지켜오고 있다. 리드만은 그 당시에 많은 찬송가를 저술하였는데, 이들 중 45개의 찬송가가 후터라이트 찬송가에 실려 있다.

리드만이 란젠스틸에게서 도움을 요청받았을 때, 그는 도망을 갔다. 그러나 1542년 그가 모라비아에 도착한 후 1556년까지 란젠스틸과 함께 공동 리더로 공동체를 위해 봉사했다. 리드만이 영적 지도자요 선생이었다면, 란젠스틸은 좀 더 실제적인 사람이었다. 이 두 사람은 또 한 차례의 어려운 시기를 겪으며 형제들을 도왔다.

그 어려운 시기란 1546년에 페르디난트 왕이 모라비아를 방문했을 때 시작되었다. 그의 방문은 형제들을 엄청난 위험에 처하게 만들었다. 후터라이트들은 여러 가지 압박으로 인해 작은 그룹으로 나뉘거나, 그들의 집을 떠나 산과 동굴 등에 숨어 지내야 했다. 형제들이 숨어 지내던 이 동굴들은 함정, 숙소, 비밀 출구 등을 포함한 구불구불한 통로들로 아주 정교하게 파져 있었다.

그 당시 후터라이트 컬러니들은 모라비아뿐만 아니라 12개의 브루더호프가 있었던 슬로바키아(Slovakia ; 헝가리로 부르기도 함.)에서도 발견되었다. 이 모든 컬러니들 또한 당시의 박해를 피할 수 없었다. 그들은 모라비아와 슬로바키아 사이에 그들이 머물 수 있는 곳을 왔다 갔다 하면서 쫓겨 다니는 생활을 해야 했다. 많은 사람들이 이 기간 동안 자신들의 컬러니를 버려야 했지만, 대다수의 사람들은 지속적으로 컬러니에 남아 있었다. 1551~1552년경, 박해는 한결 완화되었고 조건들이 개선되기 시작했다. 자신들의 컬러니로 돌아가도록 허락을 받은 사람들도 생겨나게 되었다. 형제들은 이제 그들이 말하는 '좋은 시절(Good Period)'을 맞이하게 되었다.

『후터라이트 연대기 Das grosse Geschichtsbuch』는 총 612페이지로 구성되어 있다.

어려운 낱말들

단어: 의미:
배교, 포기(recant) 배교란 잘못을 공식적으로 고백함으로써 이전에 믿었던 신앙을 포기하거나 취소하는 것을 말한다.

후터라이트의 황금기

모진 고난과 박해에서 생존함으로써 후터라이트 형제단은 이제 성장기와 아무런 박해 없이 발전할 수 있는 시기를 맞이하게 되었다. 1554~1565년의 '좋은 시절'을 거쳐서 1565~1592년에는 '황금기(Golden Period)'를 맞이할 수 있었다.

이 기간 동안에 형제단들은 유능한 리더들을 가질 수 있는 행운을 얻었다. 가장 훌륭한 리더들 중 한 사람이 1565년에 레오나르드 란젠스틸의 뒤를 이은 피터 왈포트(Peter Walpot)이다. 란젠스틸은 형제단을 세운 사람들에 의해 선출되었던 리드만의 뒤를 이은 유일한 리더였으며 1556년에 사망하였다. 왈포트는 브루더호프에 학교들을 설립한 사람으로 알려지고 기억되는 사람이다. 한스 크랄(Hans Kräl, 1578~1583)이 왈포트의 뒤를 이었고, 크라우스 브레이들(Claus Braidl, 1583~1611)이 크랄의 뒤를 이었다.

형제단은 이 기간 동안에 급속한 성장을 보였다. 이것은 그들이 평화의 시절을 한껏 누릴 수 있었기 때문만이 아니라 유럽 전역으로 흩어진 선교사들의 말씀 선포에 대한 결과이기도 했다. 유럽 전역에서 선교사로 활동하는 사람들에게는 생활비와 활동비가 주어졌고, 그 결과 많은 회심자들이 생겨나게 되었다. 모든 선교 활동의 결과에 따라, 유럽의 다른 지역에서 모라비아로 이주하는 사람들의 행렬이 끊이지 않게 되었다. 1621년, 모라비아, 슬로바키아에 102개의 브루더호프가 존재하게 되었으며, 총 인구가 20,000에서 30,000에 이르렀다.

브루더호프(Bruderhof; 브루더호프는 공동체와 컬러니의 또 다른 표현이다.)는 40호 혹은 그보다 조금 넘는 집들로 구성한 하나의 마을로서 아주 훌륭한 모습을 갖추게 되었다. 건물들은 대개 마을 한가운데 운동장을 중심으로 깔끔하게 정돈되었다. 큰 건물들의 1층은 작업실과 함께 먹고 예배하고 학교로 사용하는 등 공동의 기능을 위해 사용되었다. 결혼한 부부들은 2층에 살았다. 갓난아기들과 어린이들은 어린이집이나 기숙사에서 살도록 배려되었다.

각 컬러니는 사람들의 영적인 필요에 따라 한 사람 혹은 두 사람의 설교자, 경제적인 문제를 담당하는 몇 사람의 청지기들에 의해 관리되었다. 한 사람이 이 일을 맡으면 다른 사람은 저 일을 해야 했다. 자신의 필요에 따라 일한 것이 아니라 모든 사람들의 선, 즉 공동의 선을 위해 일했다. 마치 시계 하나가 움직이기 위해 여러 톱니바퀴들이 움직여야만 하는 것과 같은 이치였다. 설교자는 모든 브루더호프들에 의해 선택되어 '보스테허(Vosteher ; 장로 혹은 감독)'로서

1558년에 설립된 모라비아의 노이뮬(Neumühl) 브루더호프

섬기는 일을 담당했다. 보스테허의 직무는 브루더호프의 전체적인 안녕을 돌보고 방향을 결정하는 일이다.

오늘날과는 달리, 모라비아의 후터라이트들은 대부분 농업에 종사하지 않았다. 농업은 많은 경제적 활동 중에 하나였을 뿐이다. 여러 가지 경제 활동으로는 책 제본, 양조, 목수, 수송기구 및 마차 만들기, 칼 제조업, 가죽공업, 간호업, 약국, 신발제조업, 도예공업, 시계 만드는 직업, 직물업 등이 있었다. 또한 외과와 치과의를 겸한 이발사(barber-surgeons), 동제조업, 깡통제조업, 자물쇠제조업 등의 직업을 가진 사람도 있었다.

『신앙고백서』 원본 첫 페이지

신자들의 신앙을 포기시키기 위해 고안된 고문 틀인 멍에와 단두대

그들이 보여준 도공 기술과 믿을 만하다는 소문으로 말미암아, 후터라이트 장인(匠人)들은 모라비아와 슬로바키아에 있는 영주들에게 가장 선호되는 사람들이 되었다. 형제들은 종종 농장, 포도원, 포도주 양조장, 풍차 등을 운영하기도 하였고, 귀족들을 위해 다양한 건물들과 마차 및 운송기구들을 만들었다. 특히 후터라이트들이 만든 운송기구들은 귀족들이 선호하였고, 후터라이트를 증오하던 사람들조차도 대부분 후터라이트들이 만든 시계를 갖고 다닐 정도였다.

1600년대 것으로 보이는 하바니셰(Habanische) 도기들

6세기 한 소녀에 의해 만들어진 정교한 자수 공예품

모라비아 후터라이트들은 '피앙스(faience)'라고 불리는 도자기로 그 유명세를 더하였는데, 이 이름은 이탈리아의 작은 도시 이름인 '팬자(Faenza)'에서 연유된 것이다. 특히 식기류들은 영주들의 감탄을 자아낼 정도로 아주 훌륭한 것들이었다. 오늘날 이러한 도자기들은 개인적으로 소장되어 있거나 중부 유럽에 있는 국립 박물관 혹은 지역 박물관에 전시되어 있다.

대부분의 공예품들은 '오드눙엔(Ordnungen)'이라고 불리는 규칙들에 의해 관리되었다. 그 목적은 공예를 위해 특정 표준을 제시함으로써 그 품질을 관리하기 위함이었다. 구두제조업, 목수, 도공들을 위해서는 별도의 기준들이 마련되었다. 예를 들어, 칼을 만드는데 적용되는 기준들은 "칼날에 결함이 있는 칼은 절대로 팔아서는 안 된다. 그리고 완벽한 제품은 그렇지 못한 제품보다 더 비싸게 팔도록 한다. 칼 제조업자는 최고의 기술만을 고집하며, 자신들에게 제공되는 돈의 유혹을 받아서는 안 된다……."[3]고 명시되어 있다.

어떤 특별한 종류의 물건을 만드는 것은 금지되기도 했다. 군인들이 사용하는 대검, 창, 총 등의 무기를 만드는 것은 일체 허용되지 않았다. 옷을 만드는 일은 지나친 외부 장식이 자기 과시와 허영심을 조장하기 때문에 일정 범위를 넘어서지 않는 가운데에서만 가능했다. 물건을 사서 다시 팔아 이득을 남길 목적으로 매매를 하는 것은 금지되었다. 좀 더 비싼 값으로 팔기 위해 물건을 사는 것은 가난한 사람들이 살 수 없도록 그 물건을 더 비싼 것으로 만드는 행위일 뿐 아니라, 그들의 입으로 들어가야 할 빵을 빼앗는 행위이기 때문이다.

후터라이트들은 유럽에서 가장 훌륭한 의학기술을 개발시켰다. 그들 중 최고의 의사들은 후터라이트가 아닌 사람들로부터 엄청난 진료요청을 받았다. 조지 조벨(Georg Zobel)은 프라하(Prague)에 있는 황제의 병을 치료하도록 요청을 받았는데, 6개월 이후에 왕이 완치되기도 하였다. 발타자르 골러(Balthser Goller)는 훗날 모라비아에서 후터라이트들을 추방하는 일을 담당하였던 디트리히슈타인 추기경(Cardinal Dietrichstein)의 주치의였다. 그러나 후터라이트들이 의학 지식을 어디에서 얻게 되었는지는 아직까지도 잘 알려지지 않고 있다.

후터라이트들은 교육 분야에서도 당대에 상당히 앞서 있었다. 후터라이트 '작은 학교'들은 독일에서 유치원이 처음 시작된 1837년보다 270년 전에 시작되었다. 재세례신자들의 그룹들 중에도, 후터라이트들만큼 체계적으로 학교를 운영한 그룹이 없었다. 그들의 교육 목적은 '하나님을 두려워하도록(the fear of God)' 가르치는 것과 인생을 올바로 살도록 가르치는 것이다. 고등 교육과 세속적 학문은 이들의 관심 대상이 아니다.

각 브루더호프마다 '작은 학교(little school)'와 '큰 학교(big school)'가 있다. 어린이들은 젖을 떼자마자 작은 학교에 보내진다. 6세부터 12세의 아이들은 큰 학교에 다닌다. 항상 좋은 훈육과 수양이 강조되며, 교사들은 청결, 식사예절, 적절한 옷차림, 올바른 잠자리 습관에 대해 주의를 준다. 어린이들은 주님을 사랑하도록 배워야 하며, 자기 의지적이 되거나 제멋대로 하는 것은 전혀 허락되지 않는다. 펜으로 글 쓰는 것과 장식용 글씨, 암기법 또한 강조되고 있다.

이 시기에 그 대한 『역사 연대기 Geschicht-Bush』가 캐스퍼 브라이미셀(Caspar Braimichel)에 의해 시작되었다. 그의 후계자들이 이 연대기를 해마다 기록하여 전수되도록 힘썼다. 이것은 이후에 호이프트레흐트 자프(Hauptrecht Zapff)에 의해 다시 만들어졌으며, 1665년에까지 모두 여섯 명의 다른 저자들에 의해 추가·보완된 책이 완성되었다. 자프의 책은 미국 남부 다코타 주의 본 홈 컬러니(Bon Homme Colony)에 가면 볼 수 있다.

이쯤 해서 이 시기에 있었던 폴 글록(Paul Glock)의 이야기를 해야 할 것 같다. 1556년 독일의 호헨비트링겐(Hohenwittlingen)에서 글록이란 사람이 잡혀 투옥되었다. 그는 형틀에서 몸을 잡아 늘이는 아주 고통스러운 고문을 당하였고, 사제들과 거짓 형제단에게서 자신의 신앙을 포기시키기 위한 유혹을 받았다. 그러나 뛰어난 변증

가요 성경 구절에 통달했던 글록은 전혀 망설임이 없었다. 감옥에 있는 동안 그는 찬송가를 쓰며, 그의 아내와 처남, 그리고 피터 왈포트에게 편지를 쓰는 데 많은 시간을 보냈다. 한참 후에 그의 감옥 사정이 훨씬 좋아지게 되었고, 더 나은 음식이 그에게 주어지고 밖에서 일을 할 수 있게 허락되었다. 그가 임무를 완수하고 돌아온다는 확신에 따라 몇 킬로미터 떨어진 곳에 소식을 전하는 통신원으로 보내지기도 하였다.

폴 글록이 19년 동안 감옥생활을 했던 호헨 우라흐(Hochen Urach)

1576년 늦가을, 글록과 그의 동료 바인더(Binder)가 머물고 있던 성에 화재가 발생했다. 글록과 바인더가 불을 끄는 데 지대한 공헌을 하였다. 이 소식을 들은 공작은 이 두 사람이 모라비아를 다녀올 수 있도록 여비를 주라고 명령하였다. 19년 동안의 수감생활 후에, 글록은 집으로 돌아가도록 석방되었다. 그는 딸이 결혼식을 올리기 직전에 집에 도착하였다. 사실 그녀는 글록이 감옥에 가기 직전에 태어났는데, 아버지가 감옥에 있었던 19년 동안 성장하여 지금 막 결혼식을 올리는 중이었다. 이 아버지의 석방과 참석이야말로 딸 결혼식의 최고의 손님이자 최고의 선물이 되었다.

이 이야기 외에도 스위스 형제단의 재세례신자였던 파벤델(Farwendel)에 대한 이야기가 전해지고 있다. 파벤델은 1565년에 보름스(Worms) 근처에 있는 옥거셰임(Oggerscheim)에서 감옥생활을 했다. 첫째 번 재판이 끝난 후, 엄청난 두려움이 그를 엄습해 왔다. 그는 자신의 정신과 믿음이 나약해져 가는 것을 느끼며 다음번 재판에는 신앙을 포기할까 생각하고 있었다. 그는 3일 밤낮으로 기도하며, 언제 어디서부터 자신이 잘못되었는지를 찾아보았다. 마침내 그는 과거에 자신이 후터라이트 형제단을 사도들의 참된 믿음 위에 서 있지 않은 저주받은 사람들이라고 생각한 적이 있었다는 사실을 발견하였다. 그때, 그는 후터라이트 목사와 그 지역에 있는 크라우스

브라이들(Klaus Braidl)을 불렀고 그들을 만날 수가 있었다. 브라이들에게 자신의 신앙을 고백했고, 그 후 믿음은 더욱 강해진 가운데 감옥에서 방면이 되었다. 그는 자신이 속한 회중의 몇몇 사람과 함께 모라비아에 있는 후터라이트에 합류하였다.

황금기 동안, 컬러니의 예배에 참석하는 인원은 매주마다 두세 배씩 늘어났다. 징계로 행해지는 파문(ban)과 같은 교회의 규율이 죄를 지은 사람들(transgressors)에게 적용되었다. 그러나 만약 그들이 죄를 뉘우치고 회개하면 다시금 형제, 자매로 받아들여졌다. 정부의 권위에 복종하는 것은 양심과 하나님의 말씀이 허락하는 만큼만 실행에 옮겼다. 맹세하지 않고, 춤을 추지 않고, 음악을 사용하지 않으며, 술 취하지 않고, 멋을 내지 않는 모습이 자연스럽게 자리하게 되었다. 신앙을 떠난 사람들은 그들의 생활에서 평화를 찾을 수 없었다. 많은 사람들이 되돌아와 평화와 용서를 체험하였으나, 그렇지 못한 사람들은 가슴이 찢어지는 슬픔과 양심을 한탄하며 죽기도 했다.

1565~1592년에 이르는 기간은 브루더호프들이 가장 잘 조직되고, 선교적 소명을 가장 잘 완수한 시기로서 그 이전에도 그 후에도 없었던 최고의 황금기였다.

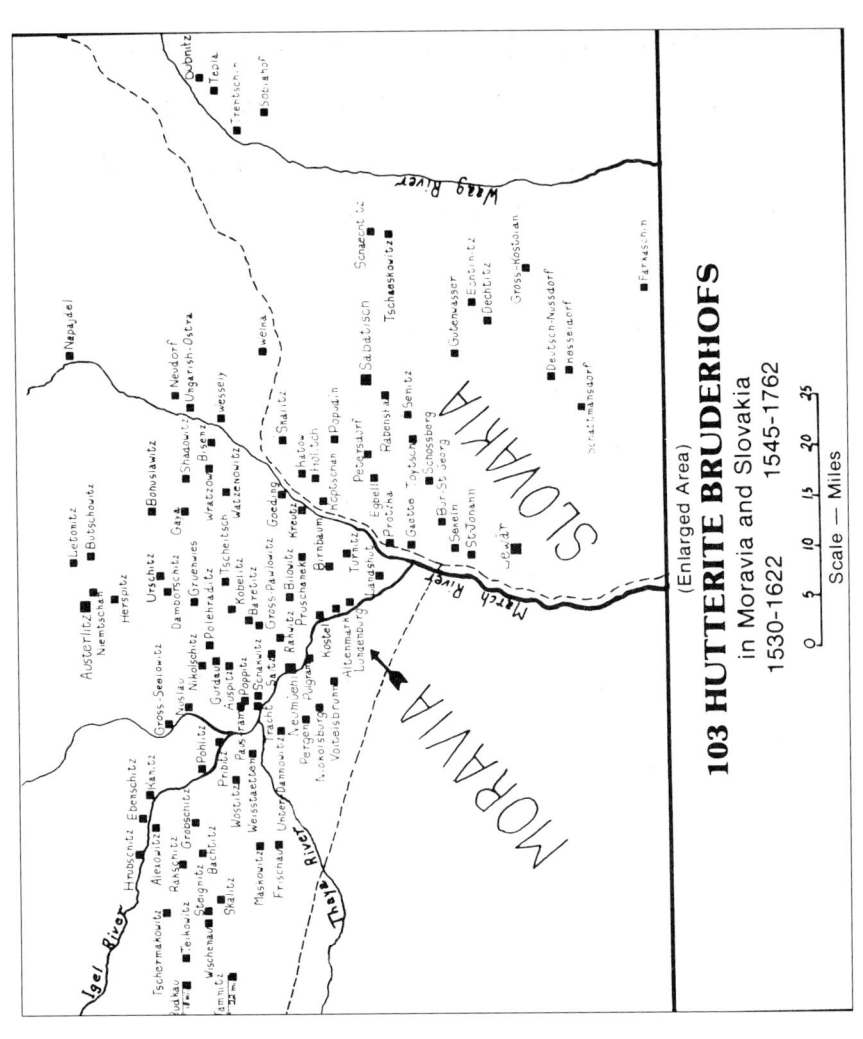

모라비아와 슬로바키아 지역에 있었던 103개의 후터라이트 브루더호프

어려운 낱말들

단어: 의미:

외과와 치과 의사를 겸한 이발사(barber-surgeons)   사람들의 머리를 잘라주는 이발사와 사혈 및 부항과 같은 간단한 시술을 했던 의사를 겸한 사람

파문(ban)   어떤 사람을 파문한다는 것은 나머지 형제, 자매들이 그 사람에게 아무것도 할 수 없다는 것을 의미한다. 한 사람이 파문을 당하게 되면 그 사람은 더 이상 그 컬러니에 속한 사람으로 여겨지지 않는다.

죄를 지은 사람들(transgressors)   이 말은 죄인(sinners)의 다른 말이거나 법을 어기거나 지키지 않은 사람을 일컫는다.

터키와의 전쟁

후터라이트 황금기의 끝은 1593년에 일어난 터키와의 전쟁(the Turkih War)과 그 때를 같이한다. 이 전쟁은 터키와 신성 로마 제국 간의 전쟁이었다. 전쟁기간 동안, 양측의 군대들은 모라비아를 지나가야만 했고, 병사들은 후터라이트 컬러니에 머물면서 음식과 은신처를 찾아야 했다. 병사들이 후터라이트들의 양식을 모두 먹어치울 정도로 아주 오랜 기간 동안 머물러야 할 때도 있었다. 종종 터키 병사들은 컬러니를 급습해 수많은 형제들을 죽이고 잡아가기도 했다.

터키와 싸우기 위해, 당시의 황제였던 루돌프 2세(Emperor

Rudolph II)는 모라비아 지역에 있는 영주들에게 세금과 전쟁 공물을 바치도록 압력을 가해왔다. 후터라이트들은 전쟁에 충당되는 세금을 거부하거나 어떤 방식이든 전쟁에 소요되는 물자를 반대하였다. 황제에 의해 엄청난 압력이 영주들에게 가해지자, 그들은 형제단들에게 강제로 세금을 징수하고자 했다. 형제단들이 전쟁 세금을 내지 않자, 영주들은 세금 대신 그들의 소유물뿐만 아니라 양과 가축들을 몰수해갔다. 공동체 밖에서 일하던 사람들은 영주들에 의해 거의 임금을 받지 못하기도 했다. 임금의 대부분이 전쟁을 위한 세금으로 원천 징수되었기 때문이었다.

이 전쟁은 13년 동안(1593~1606년) 지속되었다. 해마다 양과 가축들이 세금으로 사라져갔고, 해마다 컬러니들은 공격의 대상이 되었고, 후터라이트 원래의 삶이 철저히 파괴되었다. 그러나 후터라이트들은 이러한 것에 저항하는 대신 지하로 숨는 방식을 택하였다. 그들은 지하에 굴을 파고 통로를 만들어 그곳에 숨어 살았다. 그들의 손으로 직접 만든 것들이었다. 모라비아에 가면 이러한 터널들 중에 많은 것들을 볼 수 있다. 전쟁 기간 동안 16개의 브루더호프와 11개의 학교가 불에 타 없어졌고, 87명이 숨지고 238명이 포로로 잡혀갔다.

후터라이트 방앗간을 담당했던 살로몬 뵈거(Salomon Böger)

는 약 32개월이란 긴 기간 동안 잡혀간 아내와 아이 그리고 다른 후터라이트 포로를 찾기 위해 이곳저곳을 여행하였다. 비록 그가 터키와 콘스탄티노플 모든 지역을 찾아보았지만, 그는 아내와 아이를 찾지 못하였다. 그러나 그는 여섯 명의 여자와 두 명 남자를 찾아냈다. 그의 마지막 여행에서 슬로바키아의 한 친절한 귀족이 혹시 찾게 될지도 모를 후터라이트 사람과 교환할 수 있도록 전쟁 포로로 수감되어 있던 터키 사람 한 명을 뵈거에게 내어주었다. 그 이후 뵈거는 돌아오지 못했는데 아마도 그 터키 사람에 의해 죽임을 당한 것으로 추측하고 있다.

    1593년의 터키 전쟁 외에, 후터라이트 황금기가 막을 내리게 된 데는 한 가지 이유가 더 있다. 그것은 종교개혁을 반대하던 가톨릭의 보복이었다. 마르틴 루터가 가톨릭교회에 대해 반기를 들고 일어선 이후, 점점 더 많은 사람들이 가톨릭교회에 저항하고 반대를 하고 나섰다. 이것은 가톨릭교회가 그들의 회원을 잃고, 그 결과 사람들이 살고 있던 땅이 사라지게 되었다는 것을 의미했다. 따라서 종교개혁 세력에 대한 보복은 가톨릭교회가 프로테스탄트 운동에 의해 잃었던 자신들의 사람과 땅을 다시 회복하기 위한 모습으로 나타났고, 이것은 그들에게 있어서 절대 절명의 과제가 되었다. 이것은 다른 방식에 대한 고려 없이 무력으로 감행되었다.

가톨릭의 디트리히슈타인(Cardinal von Dietrichstein) 추기경은 1575년에 니콜스부르크 근방의 땅을 되찾았다. 1599년에 그는 모라비아에 가톨릭교회의 대표를 세우기도 했다. 디트리히슈타인과 그의 측근들은 모든 방법들 다 동원하여 가능한 한 많은 후터라이트들을 가톨릭으로 전향시키려 하였다. 그러나 이러한 시도는 실패로 돌아갔다. 어떤 가톨릭 신자들은 아예 후터라이트로 회심한 것처럼 가장하여 컬러니에 들어오기도 했다. 이러한 방법으로 그들은 후터라이트들이 갖고 있는 책과 모든 사본들의 목록을 작성하기도 했다. 물론 이렇게 후터라이트들이 믿음에서 떠나게 만들면서 후터라이트 컬러니를 파괴시켜 나갔다.

1603년 조셉 하우저(Joseph Hauser)는 73명의 후터라이트들과 함께 프러시아로 보내졌다. 그곳에 있던 메노나이트들의 도움을 받는 가운데 하나의 컬러니를 세워보고자 함이었다. 만약 컬러니가 성공한다면, 좀 더 많은 후터라이트들이 이주하려는 목적에서였다. 이러한 모험을 하는 것은 후터라이트 형제단들에게 엄청난 부담이 되었지만 꼭 필요한 것이었다. 그러나 공동체 생활에 대해 엄청난 칭찬을 아끼지 않았는데도 불구하고 결국 메노나이트들은 후터라이트들이 시행하고 있는 삶의 방식을 받아들이지 않았다. 후터라이트들은 주변의 사람들이 그들에게 적대감을 표현하였기 때문에 그곳에 오랫

동안 머무는 대신 다시 모라비아로 돌아갔다.

전쟁이 끝나자 형제들은 그들이 잃었던 것들을 다시 세워 나가기 시작했다. 전쟁 동안 내내 형제들을 이끌었던 크라우스 브라이들(Klaus Braidl)이 전쟁이 끝난 후 몇 해 동안 그들을 위해 지도력을 발휘하였다. 1611년에 세바스찬 디트리히(Sebastian Dietrich)가 브라이들의 뒤를 이었고, 1619년까지 가장 양심적인 리더가 되었다. 울리히 자우스링(Ulrich Jaussling)이 디트리히의 뒤를 이었다. 브루더호프가 자신들의 재원을 온전히 복구하기도 전에 '30년 전쟁(the Thirity Years War)'이라는 또 다른 전쟁이 발생하였다. 이 전쟁기간 동안, 후터라이트들은 터기와의 전쟁에서 입었던 것과 비교할 수 없는 엄청난 손실을 입게 되었고 엄청난 박해의 고통을 받았다. 자우스링은 그가 선출된 지 2년이 못 되어 죽었고 브루더호프를 지도할 리더십은 루돌프 히젤(Rudolph Hirzel)이 담당하게 되었다.

30년 전쟁과 모라비아로부터의 추방

후터라이트들이 터키 전쟁의 폐해로부터 완전히 회복되기도 전인 1618년에 30년 전쟁이 일어났다. 이 이름은 이 전쟁이 얼마나 오랫동안 지속되었는가를 잘 말해주고 있다. 이 전쟁은 말 그대로 30년 동안 지속되다가 1648년에 끝이 났다. 이 전쟁은 프로테스탄트와 가톨릭 국가 간의 싸움으로 아주 사악한 전쟁이었다. 전쟁은 엎치락뒤치락했다. 어떤 때는 프로테스탄트 군대가 강성해져서 가톨릭 군대를 압박하였지만, 어떤 때는 가톨릭 군대가 프로테스탄트 군대를 다시 쳐들어가 전세가 뒤바뀌기도 했다. 한동안 대부분이 프로테스탄트였던 모라비아 지역의 정부는 가톨릭을 몰아내고 모라비아를 프로테스탄트 국가로 유지했었다. 그러나 그 이듬해에는 가톨릭 군대가 모라비아에 쳐들어와 두 달 동안에 12개의 브루더호프들을 완전히 사라지게 만들었고 17개의 다른 브루더호프들을 공격하였다.

1620년 어느 날 밤, 한 폴란드 군대가 프리비츠(Pribitz)에 있는 컬러니에서 56명이나 되는 사람들을 죽이고, 60명이나 되는 사상자를 냈다. 아주 많은 사람들이 전쟁포로로 끌려가 감옥신세를 져야 했다. 여자들과 어린아이들을 무차별 공격하고 남자들을 빨갛게 달구어진 철판 위를 걷도록 만들었다. "그들의 발은 발톱이 다 타 없어질 때까지 불을 디디고 있었고…… 그들의 손가락과 귀는 떨어져나갔다."[4] 그리고 수많은 비인간적인 고문들이 그들에게 가해졌다.

전쟁과 함께 무서운 흑사병이 닥쳤다. 이 흑사병은 박해로 앗아갔던 것만큼이나 수많은 후터라이트들의 생명을 앗아갔다. 1621년 한 해에만 전체 후터라이트의 삼분의 일이나 되는 사람들이 목숨을 잃었다. 더욱 더 많은 가톨릭 군대가 모라비아로 행진해오면서 수많은 컬러니들이 슬로바키아(헝가리)로 옮겨갔다. 아주 오래 전에 몇 안 되는 컬러니가 슬로바키아에서 시작되었는데, 이곳으로 많은 사람들이 피난을 갈 수 있었다. 그때까지 후터라이트들을 보호해 주었던, 27명이나 되는 모라비아 영주들이 공개적으로 처형되었다.

가톨릭의 디트리히슈타인(Cardinal von Dietrichstein) 추기경은 후터라이트의 공공연한 적으로서 이제 모라비아 전 지역을 다스리는 통치자가 되었다. 그는 브루더호프의 장로였던 루돌프 히젤(Rudolph Hirzel)을 투옥시켰다. 그는 히젤이 언제 발생할지 모르는 비상사태를 위해 후터라이트 기금을 은밀한 곳에 감춰둔 것을 안다면서 그를 현혹하였다. 추기경은 그 돈을 더욱 안전하게 감춰두는 것을 돕기 원할 뿐이고, 그 돈이 반란군의 손에 들어가지 않도록 하겠다고 그를 기만하였다. 이에 속아 넘어간 히젤이 그에게 돈이 숨겨져 있는 곳을 말하자, 그곳을 조사하였고 진짜 숨겨둔 돈이 나왔다. 이 사실을 안 브루더호프는 히젤을 추방하였고, 비록 그가 현혹되어 돈이 숨겨져 있는 사실을 발설한 죄를 지었다고 인정하였으나 장로로서 그의 지위는 영구히 박탈되었다. 히젤의 뒤를 이어 발렌틴 윈터(Valentin Winter)가 장로로 선택되었다.

1622년에 디트리히슈타인 추기경은 모든 후터라이트들을 모라비아에서 추방시켰다. 그는 후터라이트들에게 모라비아를 떠나도록 4주간의 기간을 주었고, 그 이후로는 다시금 모라비아에 발을 들여놓지 못하게 하였다. 만약 4주가 지났는데도 모라비아를 떠나지 않는다면, 죽음밖에는 길이 없노라고 하였다. 그들이 살던 곳, 집, 헛간들은 모두 강제로 폐쇄되었고, 후터라이트들은 빈손으로 그곳을 떠나야만 했다. 그곳에 계속 머물 수 있기 위해 유일하게 주어진 조건은 가톨릭 사제들이 제시하고 지시하는 모든 것을 그대로 따라야만 한다는 것이었다. 이 제안은 그 동안 온갖 박해를 이겨낸 230명이나 되는 후터라이트들을 한꺼번에 가톨릭으로 전향하게 만들었다. 이 외의 모든 사람들은 슬로바키아의 컬러니로 피난을 가야 했다.

아주 많은 새로운 사람들이 몇 개 되지 않는 컬러니에 도착하자 식량과 의복의 부족현상이 초래되었다. 어떤 사람들에게 이러한 상황은 엄청난 고초로 다가왔으며, 이들 중 어떤 후터라이트들은 디트리히슈타인의 제안을 받아들이는 조건으로 다시 모라비아로 돌아가기도 했다.

1622~1626년 동안, 모라비아 영주들에 의해 자신들의 저택에 후터라이트들을 불러들이고자 하는 시도들이 있었지만, 이러한 노력은 디트리히슈타인에 의해 철저히 봉쇄되었다. 후터라이트들은 가톨릭으로 전향하든지 아니면 이유 불문하고 모라비아를 떠나야만 했다.

헝가리 컬러니들의 쇠퇴

후터라이트들에게 슬로바키아 혹은 헝가리는 아주 불편한 피난처였다. 가톨릭과 프로테스탄트 간에 일어난 30년 전쟁이 진행되고 있을 때, 엄청난 숫자의 군대가 이 지역으로 이동하였다. 군인들은 후터라이트 컬러니들의 창고를 급습하여 땅과 곡물들을 약탈하고 빼앗아갔다. 1631년에 헝가리에 남겨진 후터라이트는 단지 1,000명 정도밖에 되지 않았다.

이주와 박해와 강력한 리더십의 상실로 인해, 헝가리 후터라이트들의 삶은 이전에 가졌던 모든 질서를 잃어버리게 되었다. 공동체 내에 존재했던 강력한 규율도 더 이상 존재할 수 없게 되었다. 공동생활이 쇠퇴하게 된 이유 중에는 종교적인 이유가 아니라 경제적인 이유 때문에 브루더호프에 합류했던 주변 사람들에게서도 그 원인을 찾을 수 있다. 공동체 내에는 먹을 것이 있었다. 이것은 단지 군인들만 컬러니를 공격하게 했던 것이 아니라 주변의 사람들 또한 컬러니에 들어오게 만들었다. 급기야는 귀족들까지도 후터라이트들을 약탈의 대상으로 삼게 되었다. 이러한 부족한 물자의 끊임없는 소진과 끊임없는 약탈은 경제적인 참상만 불러온 것이 아니라 영적인 부패와 후터라이트의 삶을 전반적으로 쇠퇴시켰다.

이러한 어려운 시절에, 그들을 이끌어갈 안드레아스 에렌프라이즈(Andreas Ehrenpreis)라는 한 중요한 리더가 선출되었다. 발렌틴 윈터(Valentin Winter)를 이어 1631년에 리더가 되었던 하인리히 하트만(Heinrich Hartman)의 뒤를 잇기 위해 1639년에 에렌프라이즈가 장로로 선출되었다. 에렌프라이즈의 리더십 아래 1662년에 이르기까지 형제단의 내부 규율이 다시금 강화되었고, 잃었던 질서가 회복되었고, 선교사가 보내지게 되었다.

엄청난 분량의 풍부한 후터라이트 문서들이 이 시기에 기록되었다. '레른(Lehren)'이라고 불리는 수백 편의 설교들과 '보렌덴(Vorrenden)'이라고 불리는 수백 편의 짧은 설교들이 이 기간에 쓰여졌다. 에렌프라이즈 자신도 많은 설교를 썼다. 이러한 설교들은 손으로 베껴 쓰고 수많은 사본으로 남겨졌는데, 현재 모든 후터라이트 공동체들이 예배에 사용할 정도로 잘 보존되어 있다. 에렌프라이즈는 『공개 서한 *Ein Sendbrief*』이라는 제목의 작은 책을 저술하였는데, 이 책은 어떻게 공동생활을 영위해 나갈 수 있는지에 대한 훌륭한 한 예를 제시하고 있다.

30년 전쟁 동안 후터라이트에게 가해졌던 혹독한 박해는 1648년에 전쟁이 끝난 후에도 멈춰지지 않았다. 전쟁이 끝난 후 가톨릭이 헝가리 지역의 대부분을 다스리고 통치하게 되었기 때문에, 오히려 종교적 박해는 점점 더 심해지게 되었다. 1662년 에렌프라이즈의 죽음과 더불어 공동체는 다시금 쇠퇴의 조짐이 보였고, 공동체 내에서 채 점검되지 않은 부패 조짐이 드러나기 시작했다. 1685년, 끊임없는 채찍질과 폭력, 다양한 방식의 고문으로 위축된 헝가리의 후터라이트들은 그동안 유지해 오던 물질 나눔의 공동체 생활 방식을 포기하게 되었다. 그들은 이제부터 자신들을 개인적인 가족으로 인정해 달라고 정부에 호소하였다. 그렇다고 그들이 이제껏 살아온 공동생활이라는 독특한 삶의 방식을 완전히 포기할 수는 없었다. 그들의 종교적 생활과 예배는 비록 물질 나눔의 공동체로 살지는 못하였지만, 후터라이트들만이 갖고 있는 독특한 모습으로 진행되었다. 1688년에 모든 유아들은 세례를 받아야만 한다는 칙령이 발표되었다. 비록 이러한 명령은 당분간 무시되었지만, 후터라이트 아이들에게 세례를 주라고 강요되기까지는 그리 오랜 세월이 걸리지 않았다. 그러나 후터라이트들은 아이들이 성인이 되었을 때, 다시 세례를 주었다.

전쟁과 박해는 형제들이 갖고 있던 대부분의 자원들을 앗아가 버렸다. 그 결과 그들은 네덜란드 메노나이트(Dutch Mennonites)들에게 재정적인 지원을 요청하였고 상당한 도움을 받게 되었다. [메노나이트는 후터라이트와 같은 재세례신앙운동의 뿌리를 갖고 있지만, 물질 나눔의 공동체를 받아들인 적은 한 번도 없었다. 그들은 메노 시몬스(Menno Simons)라는 종교지도자를 추종했던 사람들로서 그의 이름에서 메노나이트(Menno-nites)라는 이름이 생겨났다.]

1740~1780년에는 후터라이트들이 가톨릭으로 전향할 때보다 더 강력한 법안들이 마련되었다. 이때 헝가리의 형제들은 네 지역을 중심으로 축소된 모임을 갖고 있었다. 사바티쉬(Sabatisch), 레바르(Lewär), 트렌친(Trentschin), 그리고 그로스슈첸(Grosschützen)이 그 중심지였다. 예수회(Jesuit)가 후터라이트들을 개종시키기 위해 자유롭게 지역을 통치하도록 되어 있었다. 예수회는 그들이 갖고 있는 책들을 몰수하기 위해 아무런 경고도 없이 하루에 네 곳의 후터라이트 지역을 동시에 공격하였다. 그들의 역사와 설교, 신앙고백을

델피니(Delphini)에 의해 세워진 교회 앞의 후터라이트들. 이들은 레바르(Lewär) 지역의 가톨릭 예배에 참석하도록 강요되었다.(1937년)

기록해 놓고 있는 책을 모두 없애버린다면 후터라이트들을 개종시키기에 훨씬 쉬울 것이라는 판단 하에서 취해진 조처였다. 이들 중 후터라이트에게 동정심을 갖고 있던 한 사람이 형제단에게 그들의 계획을 말해주었다. 가장 중요한 책들을 숨겼는데도 불구하고, 예수회들은 엄청난 분량의 책들을 빼앗아갔다. 이후로도 책을 없애고자 하는 공격들은 끊임없이 계속되었다. 이러한 공격으로 탈취된 수많은 책들이 유럽의 국가 문서실(archives)에 보존되어 있다. 이 당시 후터라이트들이 살던 건물의 회반죽벽에 숨겨놓았던 책들이 최근에 발견되기도 한다.

　　이러한 문서들을 약탈하기 위한 공격 외에도 온갖 종류의 박해가 시행되었다. 어린이들을 부모에게서 빼앗아가고, 모임 장소를 봉쇄해 버리고, 가톨릭 예배에 강제로 참석시키는 것이 그 예들이다. 형제들이 있는 곳에는 감시인이 항상 따라붙었다. 수많은 남자들이 감옥에 갇혔고, 남은 사람들은 숲속에서 숨어 지내야 했다. 그 결과 컬러니에는 여자들과 아이들만이 남게 되었다. 결과적으로 숨어 지내던 대부분의 남자들은 모두 잡혔다. 이렇게 남아 있던 후터라이트들의 저항은 매질과 고문으로 인해 서서히 사라져갔고, 한 사람 한 사람에게 가톨릭 사상을 주입(indoctrination)시킴으로써 사라지게 되었다.

　　1763년, 실제 헝가리에 남겨진 모든 후터라이트들은 모두 가톨릭이 되었다. 이러한 후터라이트들의 후손들이 오늘날 사바티쉬(Sabatisch) 지역에 살고 있다. 그들은 하바너(Habaner)로 알려져 있는데, 원래 살던 곳에 여전히 살고 있으며 후터라이트 전통의 어떤 부분을 그대로 이어가고 있다. 그러나 그들의 종교는 가톨릭이다.

　　1781년, 후터라이트를 대상으로 하는 극악한 고문을 폐지한다는 의미로 '관용의 조서(the Edict of Toleration)'가 발표되었다. 그러나 때는 너무 늦었다. 그 당시 헝가리 후터라이트로 남아 있는 사람은 아무도 없었기 때문이었다.

안드레아스 에렌프라이즈(Andreas Ehrenpreis)의 집. 1546년 사바티쉬 브루더호프 내에 설립됨.

어려운 낱말들

단어: 의미:
예수회(Jesuit) 예수회는 예수사회라는 이름의 단체로 1533년에 이그나티우스 로욜라(Ignatius Loyola)에 의해 창설된 로마 가톨릭 기관이다.

사상 주입(indoctrination) 한 사람에게 사상을 심는다는 것은 어떤 특별한 교의나 사상을 그 사람에게 가르치는 것을 의미한다.

하바너(Harbaner) 현재 체코슬로바키아에 있는 후터라이트와 그들의 자손들을 하바너라고 부른다. 이 단어는 '하우스하벤(Haushaben)'에서 온 것 같으며, '브루더호프(Bruderhof)'의 또 다른 이름이다. 슬로바키아 농민들은 후터라이트를 이렇게 불러왔기 때문에 후터라이트라는 이름보다 이 이름에 더 익숙하다.

알윈츠와 카린티안 부흥

1781년, 모든 후터라이트들은 헝가리를 떠나거나 가톨릭 신자가 되어야만 했다. 이제 헝가리를 떠난 사람들은 트란실바니아(Transylvania)에서 살게 되었다. 어떻게 후터라이트들이 트란실바니아에 오게 되었는지 알아보기 위해, 우리는 이미 이전에서 살펴본 모라비아 지역에서의 후터라이트 추방 이야기로 돌아가야 한다.

후터라이트들이 모라비아를 떠나도록 강요되었던 시절과 1621년에 트랜바니아(지벤부르겐 Siebenbürgen)의 제후였던 가보르 베드렌(Gabor Bethlen)이 헝가리에서 정착해 있던 후터라이트들을 자기 나라에 와서 살도록 초청장을 보낸 것은 그 때를 같이한다. 그가 보낸 편지에 따르면 종교의 자유는 물론이거니와 컬러니 정착에 필요한 모든 것을 약속하였다. 그러나 이미 속은 적이 있었던 형제단들은 아마 함정일 가능성도 있으리라는 생각과 함께 매우 신중을 기했다. 그들이 이주하지 않기로 결정하자, 베드렌의 사절단이 85명의 후터라이트들을 잡아들였고, 8일 뒤에는 101명을 추가로 잡아들였다. 이들을 데려가기 위해 마차 18대와 70명의 수위대가 준비되었고 약 800km가 되는 알윈츠(Alwinz)까지 그들을 이끌고 갔다. 그러나 이 그룹은 베드렌에 의해 아주 좋은 대우를 받았으며, 그 다음 두 해 동안 878명의 후터라이트들이 도착하게 되었다. 30년 전쟁 기간 중, 헝가리의 컬러니들이 고통을 당하는 동안에 알윈츠 그룹은 번영을 거듭하였고, 헝가리에서 고통을 당하는 형제단들에게 도움을 주기도 했다.

그러나 이러한 행운은 터키와 합스부르크(Hapsburgs) 간에 전쟁이 발생한 1658년에 모두 끝나버렸다. 1661년에 전쟁이 끝나기까지 후터라이트들은 성이나 브루더호프가 위치한 근방의 높은 언덕에 피신하도록 강요되었다. 이곳에서 그들은 바위에 은신처를 마련하였다. 브루더호프 그 자체가 침략자에 의해 공격을 당했고 불태워졌는데, 이로 인한 피해는 영영 복구되지 못했다. 생존한 그룹은 아주 작았고 그 숫자도 겨우 50여 명밖에 되지 않았으며 리더십도 매우 약해지게 되었다. 물질 나눔의 공동체는 헝가리의 공동체가 그것을 포기한 지 5년 뒤인 1690년에 완전히 해체되었다. 그 후로 이 그룹은 1755년 카린티안들(Carinthians)이 도착하기까지, 거의 60년 동안 공동생활을 하지 않으면서 독특한 후터라이트 종교 생활을 이어나갔다.

오스트리아의 한 지방인 카린티아(Carinthia)에는 비밀리에 루터의 책들이 들어왔다. 농부들은 국가 교회인 가톨릭과 거리를 두었고, 한밤중에 성경을 읽으며 모임을 갖고 있었다. 이러한 사실은 당시 오스트리아를 통치하고 있던 가톨릭 여왕인 마리아 테레사(Maria Theresa)를 경악시켰다. 그녀는 자신의 국가에 거대한 루터교회가 생기는 것을 원치 않았다. 그래서 이러한 사람들을 추방함과 동시에 이들을 루터의 신앙을 묶인하는 제국의 변방으로 위치시켰다. 클라겐푸르트(Klagenfurt)에서 270명의 사람이 마차에 실렸고, 스티리아(Styria)를 거처 오스트리아의 다뉴브강변에 위치한 엡스(Ybbs)라는 작은 마을로 이송되었다. 그곳에서부터 다시 그들은 비엔나(Vienna), 브라티스라바(Bratislava), 부다페스트(Budapest) 및 테메스바(Temesvar)로 여행을 계속해야 했다. 1755년 10월 그들은 알윈츠에 있는 후터라이트 정착지로부터 약 반나절 떨어져 있는 곳에 도착했다. 그들 중에는 호퍼스(Hofers), 발트너스(Waldners), 크라이사서스(Kleinsassers), 그랜저스(Glanzers) 및 부즈(Wurzs) 등이 있었다.

이들은 자신들의 종교인 루터교 신앙을 자유롭게 표현할 수 있었지만, 그들이 여왕과의 동맹을 표시하는 맹세를 하지 않았기 때문에 땅을 무상으로 받지 못했다. 대신에 그들은 작은 도시 안에 여기 저기 흩어져서 일해야만 하는 노역을 담당하도록 강요되었다. 안드레아스 부르즈(Andreas Wurz)와 조지 발트너(George Waldner)라는 사람은 이전 후터라이트 멤버들과 연락이 닿을 수 있는 알윈츠에서 일하도록 되어 있었다. 그들은 오래된 후터라이트 문서들을 읽을 수 있었고, 이전에 후터라이트로 살았던 사람들과 생생한 토론을 할 수 있었다. 이 카린티안들은 크리스천들에게 물질 나눔 공동체의 삶이 필요하다는 확신을 갖게 되었다. 그들은 자신들이 다니던 루터교회에 참석하는 것을 중단하고, 가정에서 성경을 연구하고 기도와 예배를 드리게 되었다. 그들은 후터라이트 신앙을 받아들였고 이렇게 해서 알윈츠 그룹이 다시금 활력을 찾았을 뿐 아니라 물질 나눔 공동체가 다시금 실현되었다.

한스 크라인사서(Hans Kleinsasser)가 크로이츠(Kreuz)에서 일하게 되면서 두 번째 컬러니가 설립되었다. 여러 가족들이 추가로 이주하게 되었고 예전의 후터라이트 형제들의 규율을 따라 브루더호프가 생겨나게 되었다. 1762년의 일이었다. 그 이후 곧 더 많은 사람들이 합류하여 컬러니가 성장하기 시작했다. 너무 많은 후터라이트들이 주변에 생기게 되자 마을 사람들은 불편함을 느끼기 시작했다. 그 결과 멤버들이 체포되어 그 지역 여러 곳으로 흩어져 살기 시작했다.

같은 해인 1762년에는 마리아 테레사가 재세례신앙운동을 근절시키기 위해 예수회 소속으로 있던 델피니(Delphini)를 트란실바니아로 보냈다. 그는 우선 알윈츠에서 자신의 일을 시작하였고, 이를 두려워한 장로 멜틀 로스(Mertl Roth)는 수많은 다른 형제단들과 함께 즉시로 신앙을 포기하였다. 모든 후터라이트들이 델피니가 설교하는 가톨릭 예배에 참석하도록 강요되었다. 한 번은 델피니를 돕는 신부였던 조셉 쿠어(Joseph Kuhr)가 일어나 "여전히 자신을 형제 혹은 자매로 부르는 사람들로 하여금 나를 따르게 하라!"[5]며 이제는 더 이상 설교에 참여하지 않겠다고 외쳤다. 쿠어는 예배당을 떠났지만, 그를 따르는 사람은 한 사람도 없었다. 그 자리에 있던 그의 아들조차도 그를 따르지 않았다. 요하네스 스탈(Johannes Stalh)과 함께 쿠어는 감옥에 투옥되었고, 3년 뒤에 폴란드 변경의 시게투(Sighet)라는 도시로 이송되어 다시는 돌아오지 못하는 신세가 되었다.

한동안 알윈츠에 있는 모든 형제단이 마치 그들의 신앙을 포기하는 듯이 보였다. 그러나 끝내 19명이 자신의 신앙을 포기하기를 거절하였다.

어려운 낱말들

단어: 　　　　　　　의미:

합스부르크(Hapsburgs)　합스부르크는 오스트리아와 많은 인근 지역을 통치했던 왕가의 이름이다. 그들은 막강한 권력을 갖고 있었다.

이전 브루더호프 근처에 위치해 있던 폐허가 된 알윈츠 성(1970년 사진)

발라치아로의 도망

트란실바니아에서 추방된 조셉 쿠어와 요하네스 스탈은 얼마 후 비밀리에 되돌아왔다. 그들은 트란실바니아알프스(Transylvanian Alps, 카르파티아 산맥이라고도 불림.) 동쪽으로 우회하여 모라비아와 발라치아에 모습을 드러냈다. 발라치아에서 그들은 아주 비옥한 토양을 발견하였고 다른 종교에 대해 관용이 베풀어지고 있다는 사실을 알게 되었다. 이 두 사람은 비록 그것이 아주 위험스러운 여행이었지만 이 사실을 형제들에게 알리기 위해 산을 넘어 다시 알윈츠로 돌아왔다.

추방되었던 이들을 처음으로 만난 사람은 안드레아스 부르즈(Andreas Wurz)였다. 그는 쿠어에게 그 땅으로 사람들을 인도해 갈 수 있는지를 물었다. 쿠어는 "예, 만약 하나님의 뜻이라면 요!"[6] 하고 대답했다. 그러자 형제들은 지체 없이 발라치아로 도망가는 것에 동의하였다.

형제단들은 그 나라를 떠나기 위해 통행증이 필요했지만, 이들은 이러한 절차를 거절하고, 최상의 안내자와 함께 동쪽으로 나 있는 산길을 이용하기로 결정하였다. 전체 그룹을 산 위로 안내해줄 것에 동의한 안내자들이 비밀리에 고용되었다. 마차들 또한 비밀리에 준비되었고, 감옥에 갇힌 멤버들을 빼내기 위해 옥 열쇠까지 몰래 준비되었다. 남겨지는 사람이 한 사람도 없게 준비되었다. 출발을 위한 일정이 세 번이나 재조정되었으나, 결국에는 안내를 담당하기로 한 사람이 나타나지 않았다. 한밤중에 몰래 도망하기로 한 것이 제대로 이루어지지 않자, 형제단들은 모임을 갖고 기도를 한 후 다음날 출발하기로 결정하였다. 드디어 형제단들은 아주 간단한 짐만 갖고 다음날 아침인 1767년 10월 3일 오전 10시에 출발하였다. 결국 모든 사람들이 알 수밖에 없는 훤한 대낮에 출발하였다. 그 마을 사람들은 그들이 떠나는 모습을 보면서도 아무도 이들을 못 가게 하는 사람이 없었다. 크레우츠(Kreuz)에서 온 카린티안들 51명과 알윈츠의 후터라이트 16명, 모두 67명의 사람이 이 길에 올랐다.

이 여행은 알트 강(Alt River)에 도착할 때까지 남동쪽으로 그들을 인도했다. 그러나 그들은 통행증 없이 강을 건널 수가 없었다. 그들은 강 상류로 올라가면 뗏목에 사람과 마차를 동시에 싣고 안전하게 강을 건널 수 있다는 사실을 알게 되었다. 넷째 날 형제단들은 크론스타트(Kronstadt)라는 큰 숲에 도착하였다. 한 번도 쉬지 않고 그들은 밤새도록 길을 갔다. 이때 많은 사람들은 사람이 걸어가면서도 잠을 잘 수 있다는 것을 알게 되었다.

여행이 시작된 지 7일이 지나자, 이 그룹은 그 높은 카르파티아 산맥(Carpathian Mountains)에 도착하였다. 그들이 이 산길을 안내해줄 사람들을 기다리는 동안, 한 사냥꾼이 숲속에 있는 이들을 발견하게 되었다. 그는 누구든 국경에 가까이 가면 그 사실을 보고하겠노라고 이 그룹을 향해 경고하였다. 엄청난 두려움이 있었지만 그들은 조심스럽게 이 사냥꾼에게 브랜디를 제공하였다. 마침내 사냥꾼은 브랜디를 받았고, 그룹은 그에게 자신들을 고발하지 말라고 간청하였다. 그러나 그 사냥꾼은 그런 약속을 하지 않았다. 엄청난 공포가 그 그룹을 사로잡았다. 그날 밤, 그들을 안내할 사람들이 도착하였다. 가파른 길을 따라 올라가야 했는데, 끌고 갈 수 없는 수레들을 뒤에 버리고 떠나야 할 상황이 되었다.

산을 넘는 여행은 아주 어려운 것이었다. 올라가야 할 산이 너무나도 가팔라서 사람들은 밤새도록 손과 발로 기어 올라갈 수밖에 없었다. 짐을 실은 말 한 마리가 미끄러져 바위에 부딪혀 죽었다. 여명이 틀 무렵, 그들은 산정을 넘을 수 있게 되었고 안전한 장소인 국경을 넘어설 수 있게 되었다. 그들은 자신들 중 아무도 목숨을 잃거나 다친 사람 없이 무사히 그곳에 도착하게 하신 하나님을 찬양하며 감사의 기도시간을 가졌다. 두 사람이 감옥에 있는 사람들에게 이 사실을 전하기 위해 알윈츠로 보내졌다. 두 명의 또 다른 사람이 삶의 터전을 찾기 위해 부쿠레슈티(Bucharest; 오늘날 루마니아의 수도임.)로 보내졌다.

부쿠레슈티 근처에는 초레길레(Tscoregirle) 혹은 크라바흐(Käbach)라고 불리는 땅이 난민들을 위해 준비되었다. 이곳에서 그들은 그곳에 사는 사람들과 마찬가지로 흙으로 만든 오두막집을 짓고 살았다. 이러한 오두막집은 땅 속으로 대략 1.2~1.5미터 정도 판 후에 지어졌다. 구멍의 길이와 폭은 그 집이 얼마나 큰가에 따라 달라졌다. 집 크기에 맞게 땅을 파고 기둥을 세우고, 세워진 기둥을 잇는 보를 세웠다. 대들보의 양쪽 끝은 한족 끝에서부터 땅에까지 경사를 이루도록 연결하여 마감처리를 하였다. 나무 지붕은 가벼운 밀짚과 흙을 이겨 덮었다. 그리고 한쪽에는 출입구를 내고 다른 쪽에는 창문을 만들어 놓았다. 땅속에 지은 움집에 사는 것은 낯설고 통상적이지는 않았지만, 형제단들은 종교적인 자유와 평화를 누릴 수 있게 된 것에 대단히 만족스러워하였다.

방직업, 뜨개질, 도자기 등과 같은 무역이 이루어졌고, 이러한 무역은 후터라이트들에게 곧 자급자족할 수 있으리라는 꿈을 갖게 해주었다. 그러나 그곳에는 여러 가지 문제들이 있었다. 우선 기후가 너무 좋지 않았고, 마실 물도 상당히 부족하였다. 그래서 그들은 그곳에서 멀지 않은 프레세차인(Presetschein)이라는 곳으로 삶의 터전을 옮겨야 했다.

겨울 동안, 후터라이트 젊은이들 중 몇몇이 가톨릭교회에 의해 세워진 건널목을 부숴버리는 일이 발생했다. 정말로 바보스러운 행동이라고밖에 달리 표현할 수 없는 일이었다. 이 젊은이들의 이름이 보고되었고 법에 따라 아주 과중한 벌금이 부과되었다. 벌금을 내지 않으면 이 일을 저지른 범법자들(offenders)의 손을 잘라버리겠다는 엄청난 판결이었다. 그러나 간곡한 탄원과 더불어 하나님께서는 법정을 움직이셨고 별 문제 없이 사건이 종결되었다.

형제단이 발라치아에 머문 지 채 1년이 되지 않았을 때, 터키와 러시아 간의 전쟁이 발생하였다. 후터라이트들이 살고 있던 지역이 싸움의 중심지가 되었다. 터키와 러시아 양쪽은 이 땅이 자신들의 땅이라고 주장하였다. 결과적으로 후터라이트들은 밀고 밀리는 전쟁의 한복판에 서게 되었다. 한번은 후터라이트 컬러니에서 몇 킬로 떨어지지 않는 곳에서 전투가 발생하였다. 형제단들은 러시아 군대가 사용하는 대포(artillery)에 의해 자신들이 발을 딛고 있는 땅이 진동하는 것과 집 안의 창문들이 흔들리는 것을 느낄 수 있었다. 게다가 터키인들을 쫓는다는 명목으로 수시로 왔다 갔다 하는 군대들이 컬러니를 침략하였고 약탈을 일삼았다. 전쟁의 한복판에서 후터라이트들은 다시금 화형에 처해졌고, 채찍질과 고문을 당하였다. 그러나 이 시기의 박해는 그들의 믿음에 대한 것 때문이 아니라 재산과 돈에 대한 것 때문이었다.

    1770년 발라치아에 온 지 약 3년 반밖에 되지 않았던 형제단은 다시금 자신들의 삶의 터전을 옮겨야 할 필요성을 느끼게 되었다. 이번에 그들이 가게 된 곳은 북쪽의 러시아였다.

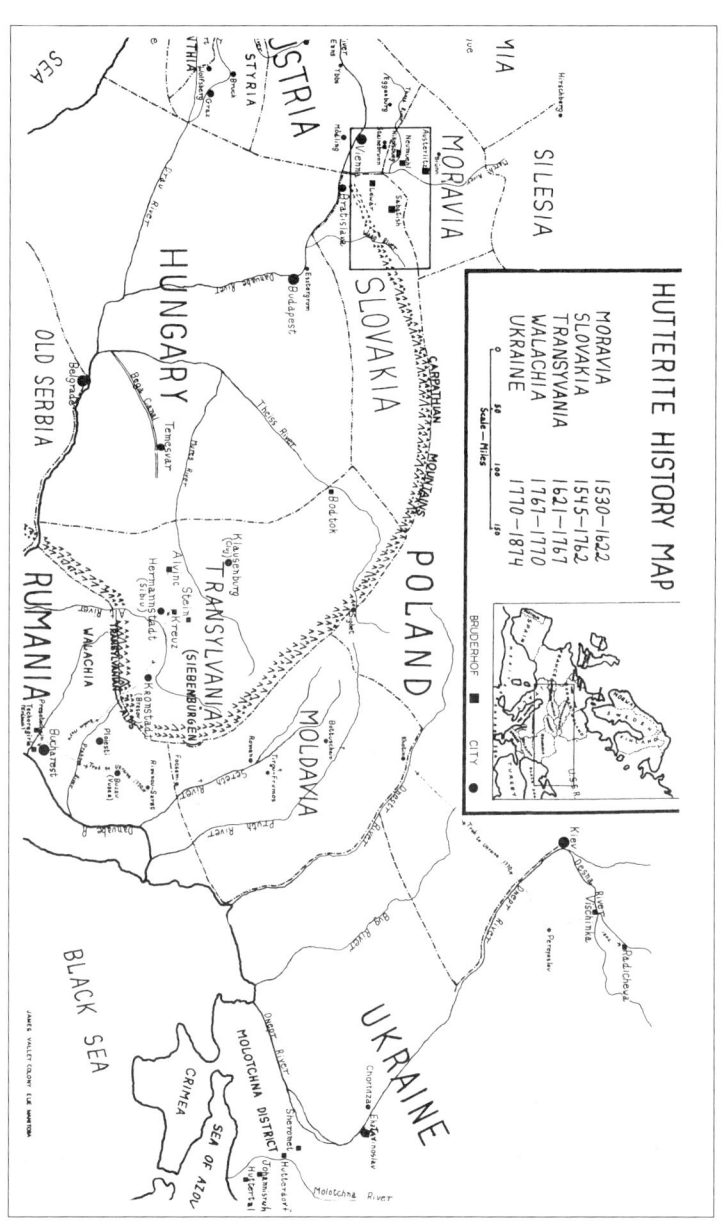

후터라이트 역사 지도

러시아로의 여정

터키 군인들의 지속적인 약탈과 전쟁 포로로 잡혀 노예가 되는 것에 대한 두려움 때문에, 후터라이트들은 부쿠레슈티에 있는 러시아 군인 장교의 조언을 듣고자 했다. 사메틴(Sämetin)이라는 러시아 군사령관은 전쟁이 금방 끝날 가능성은 없으며, 이 지역에서 브루더호프가 살아남을 것이라는 희망은 없을 것이라고 단언했다. 대신에 그는 후터라이트들에게 러시아와 폴란드 접경에 위치한 코틴(Khotin)이라는 러시아 도시로 가는 것이 좋겠다고 조언하였다. 피터 알렉산드로비치 루미안체프(Count Peter Alexandrovich Rumiantsev)

백작이 그들에게 장소를 제공해 주었다. 많은 생각과 기도 끝에, 갈 것인지 말 것인지 제비를 뽑았다. 결과는 가는 것으로 판명되었다. 이들을 보호해 달라고 사령관이 쓴 한 장의 편지가 그들에게 주어졌고 점령된 영지를 통과할 수 있도록 수비대에 의해 보호를 받을 수 있었다.

    1770년 4월 10일, 약 60명의 사람들이 발라치아를 떠나 러시아로 가는 여정에 올랐다. 그들은 소유한 모든 것을 마차에 실었고 마차에 실을 수 없는 것들은 모두 팔아치웠다. 다섯 대의 마차를 한 팀의 황소들이 이끌고, 가져갈 암소들, 송아지들, 양들을 선택하였다. 그들이 떠나던 날은 너무도 아름다운 봄날이었다. 잔디가 이미 푸르게 돋아났고 나무에는 꽃들이 한창 피어 있었다. 이미 많은 사람들이 빠져나간 시골은 마치 텅 비어 있는 것 같았다. 그들은 부차레스트 주변을 한 바퀴 둘러보고, 북서쪽인 부자우(Buzau)를 향해 방향을 틀었다. 도시 가까이에 다다랐을 때, 형제들은 터키 군인들이 부자우를 침략하려 한다는 소식을 듣게 되었다. 그들은 두려움으로 인해 산으로 발길을 돌렸고, 상황이 안전해질 때까지 비밀스런 장소를 선정하여 야영하였다. 그들은 나중에 떠난 사람들과 짐승들이 터키로 보내졌다는 소식을 들었다. 이 그룹은 루미누 사라트(Rumineu-Sarat)로의 여정을 계속해 나갔다. 3일 후에 그들은 왈라치아(Wallachia)

와 몰다비아(Moldavia)의 접경인 포크사미(Focsami)라는 곳에 도착할 수 있었다. 그들은 또 한 주 동안 여행함으로써 로만(Roman)에 도착할 수 있었다. 그러나 그곳에서 그들은 끊어진 다리가 다시 연결되어 건널 수 있을 때까지 기다려야 했다.

세렛 강(Sereth River)을 건넌 후, 형제단들은 티르구 프루모스(Tirgu-Frumos)를 지나 5월 8일에 보투체인(Botuschain)에 도착하였다. 그곳에는 아주 치명적인 흑사병이 돌아 그곳에 사는 거의 모든 사람들의 생명을 앗아가 마치 모든 집들이 텅 비어 있는 것 같았다. 들판에는 죽은 사람들의 시신이 즐비해 있었다. 그들이 도착한 지 4일 후에, 이 그룹은 프루스 강(Pruth River)을 건넜고, 5월 19일에 그들은 몰다비아와 폴란드 사이에 있는 네스트르 강(Dnestr River)의 코틴(Khotin) 시에 도착할 수 있었다. 이 근처에 루미안체프(Rumiantsev)의 본부들이 있었다. 이때까지의 여정은 정말로 위험천만한 것이었다. 그들은 대부분의 밤을 비바람과 함께 텅 빈 들판에서 야영하며 보내야 했다. 그들의 음식은 대부분 우유와 발루카스(Balukas), 그리고 우유와 밀가루로 만든 그레비 소스(Gravy sauce)가 전부였다.

코틴(Khotin)에 도착했을 때, 형제단은 그곳에 창궐했던 흑사병으로 인해 약 6주 동안 격리되어 있어야 했다. 조셉 쿠어(Joseph

Kuhr)와 폴 그랜저(Paul Glanzer)가 루미안체프와 계약을 하기까지 몇 주 동안을 더 기다려야 했다. 루미안체프는 대개 그의 비서이자 사령관인 바이스(Weiss)를 통해 연락을 하였다. 계약은 형제들이 북동쪽으로 몇백 킬로미터 떨어져 있는 루미안체프의 개인 사유지인 비셴카(Vishenka)에 머무는 것으로 허락되었다. 그들에게는 원하는 대로 무역을 할 수 있고, 그들의 신앙에 따라 하나님께 예배할 수 있는 완전한 자유가 주어졌다.

후터라이트들이 투옥되었던 트란실바니아의 헤르만스타트(Hermannstadt)

백작은 후터라이트들이 목적지에 도착하도록 안내하기 위해 그곳의 부족있었던 코삭(cossacks)에서 각각 한 명씩 총 열 명의 경호원을 준비시켜 주었다. 가장 어려운 문제인 음식 문제가 대두되었다. 경호원들은 그들의 마을에 도착하자마자 '백작의 사람들(Count's people)'을 위한 음식을 만들도록 명령하였다. 그렇게 '신의 인도하심(divine guidance)'에 의해 그 신실한 나머지 사람들이 8월 1일에 우크라이나(Ukraine)에 도착하게 되었다. 박해를 피해 떠난 후 총 4개월 동안 1,120km를 여행한 후의 결과였다.

비센카는 키브(Kiev)의 북동쪽으로 192km 떨어진 데스나 강(Desna River)에 위치해 있었다. 루미안체프의 명령에 따라 형제단들에게 모든 필요한 물자가 제공되었다. 살기에 적합한 장소가 선택되어 컬러니가 시작되었다. 밭을 가는 쟁기와 써레가 그들에게 주어졌고, 그 결과 그들이 겨울 밀을 파종할 수 있게 되었다. 그들에게는 겨울옷을 만들어 입을 수 있게 50마리 분의 양모피가 주어졌다. 그들이 무엇을 받고 무엇을 빌렸는지 자세한 항목이 낱낱이 기록되었으며, 그들이 지불할 수 있는 능력이 될 때 반납할 수 있도록 배려되었다.

형제단이 정착한 지 얼마 되지 않아, 폴 그랜저(Paul Glanzer)가 발라치아와 트란실바니아 지역을 방문하였다. 옥에 갇혀 있는 형제들을 방문하도록 보내진 것이었다. 1771년부터 1795년 사이, 박해로 인해 다른 신앙을 갖게 된 이전의 후터라이트 가족들과 감옥에 갇힌 자들을 다시금 찾기 위해 총 일곱 차례의 여행이 이루어졌다. 이러한 여행 중 몇 번의 여행은 믿음을 버렸던(배교; apostate) 사람들을 되돌리는 성과를 거두기도 했지만, 어떤 여행은 아무런 성과를 거두지 못한 채 끝나기도 했다. 트란실바니아와 헝가리로 가는 도중에 후터라이트 여행자들은 폴란드와 프러시아에 살고 있던 메노나이트 공동체들과 접촉을 시도하였다. 15명의 사람들과 엔츠(Entz), 그로스(Gross), 테게(Decker), 넬스(Knels) 가족들이 비센카로 오게 되었다. 옛 헝가리 출신의 후터라이트들이 비센카 브루더호프에 합류하도록 설득되었다. 이들 중에는 발터(Walter), 볼맨(Wollman), 채더(Tachetter), 그리고 맨델(Mandel)과 같은 이름이 들어 있었다. 모두 56명의 사람이 비센카로 오게 되었다.

어려운 낱말들

단어:	의미:
배교(apostate)	자기의 신념이나 신앙을 포기하는 것 혹은 포기한 사람을 배교자라 한다.

비셴카와 라디체프에서의 생활

비셴카(Vishenka)에서 후터라이트들은 정착하고 브루더호프를 세우는 일에 열심을 다하였다. 1771년 7월 27일, 최초의 예배가 새로 지어진 집에서 드려졌다. 농업이 주된 활동이었으나 과수원도 경영하였고, 모직, 도공, 금속공업 및 여러 전통적인 무역과 수공업도 다시금 시작되었다. 양조장 및 수력을 이용한 방앗간도 운영되었다. 1778년에는 작고 큰 학교들이 지어졌다. 브루더호프는 만족스러웠고 행복한 삶을 영위하였으며 이러한 종교적 자유를 새로이 얻게 된 것에 대해 하나님께 찬양을 드렸다. 루미안체프 백작이 가끔씩 자신의 손님들과 외국 사절들을 데리고 와서 후터라이트들이 비센카에서 이루어 놓은 모든 것을 보여주고 자랑을 하기도 하였다.

그러나 이러한 평화의 기간 중에도, 내부적인 문제가 하나 있었다. 16년 동안 감옥 생활을 했던 마티아스 호퍼(Mattias Hofer)와 성경을 전체적으로 잘 아는 한 사람이 브루더호프의 공동체적 생활양식에 얼마간의 변화를 주기 원했다. 마티아스 호퍼는 당시 영적 지도자요 장로였던 한스 크라인사서(Hans Kleinsasser)의 이야기를 주의 깊게 경청했지만, 호퍼의 제안들은 대개 기각되었다. 그는 결국 프러시아에 있는 메노나이트들과 함께 살기 위해 컬러니를 떠나갔다.

한참 젊은 사람이었던 한스 호퍼(Hans Hofer)는 여러 방면에서 마티아스 호퍼와 유사한 면이 많았다. 그 또한 성경을 매우 주의 깊게 연구하였고, 때때로는 이러한 문제를 토론하기 위해 밤을 새기도 했다. 이러한 것은 그가 너무 피곤해져서 자신의 일인 대장장이 일을 하는 데 방해가 되기도 하였고, 그와 자신의 감독 사이에 문제가 되기도 하였다. 한스 호퍼의 관심은 물질적인 것보다 영적인 것에 있었다. 그는 컬러니 밖으로 선교사를 보내는 데 관심이 있었고, 회개의 설교와 복음을 전하는 데 관심이 있었다. 호퍼는 자기 스스로 선교 여행을 떠났는데, 헝가리 사바티쉬(Sabatisch)에서의 모습이 마지막이었다.

1779년에 한스 크라인사서(Hans Kleinsasser)가 죽고 조셉 쿠어(Joseph Kuhr)가 장로가 되었다. 쿠어의 지도력 아래 '옛 형제단(old Brethren)'의 규율과 제도가 하나의 '방식'으로 정리되었다. 이 그룹은 그 어떤 변화를 소개하는 데 있어서 매우 조심스러웠다. 요하네스 발트너(Johannes Waldner)가 1794년에 쿠어의 뒤를 이었다. 그의 관심사는 쿠어의 관심사와 매우 비슷했는데, 위대한 장로 안드레아스 에렌프라이즈(Andreas Ehrenpreis)의 시대에 누렸던 후터라이트의 옛 전통과 독특한 영적 생활의 회복이었다. 발트너 시절에는 많은 시간과 노력이 거의 잊혀졌던 예전의 설교들을 수집하고 다시 쓰는 데 할애되었다.(앞 장에서 언급했던 오래된 설교들은 '레른(Lehren)'이라 불리는 수백 편의 설교들과 '보렌덴(Vorrenden)'이라고 불리는 수백 편의 짧은 설교들로서 대부분 1639년과 1662년 사이 헝가리의 에렌프라이즈 시절 동안 쓰여진 것들이다.) 1793년에 발트너 또한 『작은 연대기 *Klein Geschichtsbuch*』로 알려진 역사책을 쓰기 시작했다. 『위대한 연대기 *Gross Seschichtsbuch*』는 1665년까지 기록되었다. 에렌프라이즈 이후 아무것도 기록하지 못한 채로 약 130년이 흘렀다. 『작은 연대기』에서 발트너는 이전의 책에 있는 후터라이트 역사를 아주 간략하게 반복하였고 새롭고 중요한 역사들을 기록해 나갔다. 그리고 그는 그간 기록되고 구두로 전해 내려오는

1755년까지의 역사를 이야기로 서술하였다. 마침내 그는 1802년까지 그가 직접 보고 이야기하던 것들을 자세하게 기술했다. 이 책의 원본은 캐나다 매니토바 주 헤딩리(Headingley)에 위치한 스털전 크릭 컬러니(Strugeon Creek Colony)에 가면 볼 수 있다.

우크라이나의 후터라이트들에게는 모든 것이 좋아 보였다. 처음부터 그들에게 관용이 베풀어졌고, 아무런 박해도 없었다. 그러나 1796년 루미안체프 백작의 죽음과 함께 모든 것이 변하기 시작했다. 루미안체프의 두 아들이 후터라이트들을 농노(serfs) 혹은 노예로 만들기 원했다. 후터라이트들은 러시아의 황제 폴 1세(Emperor Paul I)에게 그들이 처음 도착했을 때 그들과 맺은 계약을 기억해줄 것을 청원하였다. 이에 황제는 그때 맺은 협정이 여전히 유효하며, 그들보다 19년 뒤인 1789년에 러시아에 온 메노나이트 컬러니에서 사는 사람들처럼 후터라이트들의 법적인 지위(legal status)가 변하지 않을 것이라고 확실하게 대답해 주었다. 다만 그들의 특권에 대해 한 가지 새로운 설명 덧붙여졌는데, 그것은 이전 형제단이 이주했던 루미안체프 백작 소유의 땅들이 정부 소유로 그 소유권이 옮겨진 것뿐이었다.

비센카에 있는 후터라이트들을 방문했던 정부 대표의 조언에 의거하여, 후터라이트들은 데스나 강 북동쪽으로 13킬로미터 떨어져 있는 라디세프(Radichev)로 이주하기로 결정하였다. 그곳으로 44가정 약 200여 명의 인구가 이주하였다. 이 이주는 1802년 5월에 이루어졌고, 11월에 19개의 건물들이 지어졌다. 비센카에서 행했던 대부분의 활동이 새로운 라디세프에서도 그대로 이루어졌다. 방적 산업, 제화, 피혁업, 대장간 일들뿐만 아니라, 가축을 기르는 것 또한 중요한 산업이 되었다. 양잠업이 새로이 시작되어 수천 그루의 뽕나무들을 심기도 했다. 그리고 짧은 기간 동안 형제단이 다시금 번영을 누릴 수 있었다.

그러나 시간이 흘러감에 따라 박해와 고난을 통해 강한 믿음을 소유했었던 나이 많은 형제들이 하나둘씩 세상을 뜨게 되었다. 젊은 세대는 그들이 보여주었던 동일한 정직성과 훈계들을 똑같은 모습의 생활로 연결해내지 못했다. 후터라이트 소유의 2,000에이커나 되는 땅 중 많은 부분이 제대로 경작되지 못했기 때문에, 급증하는 인구 증가를 지원할 토지도 부족하게 되었다. 그 결과 많은 사람들이 일을 못 하게 되었다. 마티아스와 한스 호퍼의 경험은 형제단들에게 변화 및 다른 새로운 컬러니를 세우는 것을 두려워하게 만들었다. 분파와 갈등이 생겨나면서, 경제는 점차 현상유지 상태에 머물게 되었다. 이런 와중에 카린티안 배경의 장로 발트너(Waldner)와 물질 나눔의 공동체가 해체되었던 사바티쉬(Sabatisch)의 옛 후터라이트들 가운데서 성장한 보조설교자 제이콥 월터(Jacob Walter) 사이에 불화가 생겼다. 발트너는 "나는 오래된 관습과 실행을 포기하는 것보다 차라리 순교자의 죽음을 선택하겠다."[7]고 주장하였다. 월터는 공동생활로 돌아가느니 차라라 죽음을 택하겠다며 반대의 입장을 취하였다.

오히려 이러한 상황을 조사하기 위해 정부가 개입되었다. 월터와 그의 그룹이 자신들의 재산을 취해서 남쪽으로 약 560km 떨어져 있는 코티차(Chortitza)에 있는 메노나이트들에게 가서 함께 살기로 결정하였다.

발트너 그룹은 라디세프에 그대로 남았다. 그러나 화재로 인해 대부분의 건물이 불타버린 일이 발생하였을 때, 발트너는 남은 것을 나누어 갖자는 의견에 동의하였다. 한편 월터 그룹은 메노나이트들과 함께 사는 데 어려움을 겪고 있었다. 그들이 라디세프에서의 공동생활이 해체되었다는 소식을 들었을 때, 그들은 다시 돌아와 타협(compromise)을 했다. 큰 건물들 중 몇 개가 공동 건물로 사용되었다. 그러나 각 가정은 그들 소유의 땅과, 가축과 양을 배정받았다. 스물네 가정이 되는 한 그룹이 데스나 강 건너편으로 이주하였고, 스물다섯 가정이 되는 또 다른 그룹이 라디세프에 남았다. 요하네스 발트너는 종교 지도자로 남게 되었고, 제이콥 월터는 재정 관리자가 되었다.

1819년에 물질 나눔 공동체가 포기되었을 때, 후터라이트 생활은 지속적으로 악화되어갔다(deteriorated). 1842년에 형제단이 몰로치나(molotschna) 지역으로 이주하였을 때, 젊은이들은 글을 읽을 줄 모르는 문맹(illiterate)의 상황에까지 이르렀다.

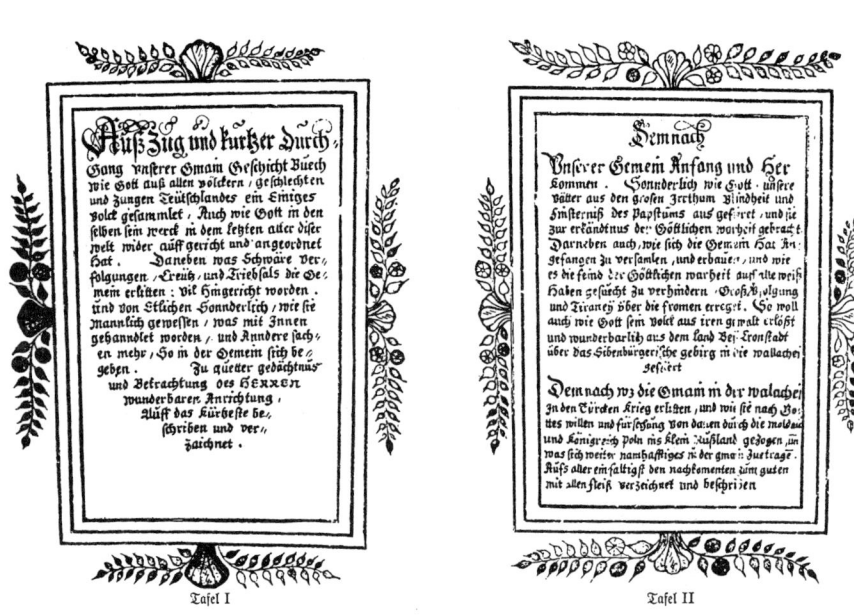

요하네스 발트너에 의해 기록된 『작은 연대기』(1793년).

몰로치나에서의 생활과
유무상통 공동체의 부흥

1819년, 후터라이트 역사에서 두 번째로 물질 나눔 공동체가 포기되었다. 1834년 형제들(Brotherhood)은 영적으로뿐만 아니라 경제적으로도 너무나 황폐하여 심각한 위협으로 받아들일 만큼 아주 혹독한 가난을 경험하였다. 그들이 소유했던 땅들은 너무나 작고 협소하여 그들을 부양하지 못했고, 그 결과 후터라이트들은 다른 새로운 땅을 찾아 이주해야 할 필요성을 정부에 탄원했다. 정부가 그들의 탄원을 거절하자 그들은 몰로치나(Molotschna)에 있는 메노나이트 리더이자 정부를 위해 일하고 있던 요한 코니스(Johann Cornies)와의 접촉을 시도하였다. 요한 코니스는 후터라이트를 대변하여 중재(intervened)를 시도하였고, 1842년에 예순아홉 가정이나 되는 후터라이트 형제들 전체가 그들이 살고 있던 곳으로부터 약 640km 떨어진 몰로치나 강변으로 이주하게 되었다. 이곳은 메노나이트 공동체가 살고 있는 곳이었다. 후터라이트들은 이 새로운 곳의 이름을 후터탈(Hutttertal)이라고 불렀다.

 그 당시 러시아에 있었던 메노나이트들은 네덜란드와 프러시아 배경을 가진 사람들이었다. 그들은 1789년에 코티차(Chortitza)에 정착하기 시작했고 몰로치나에는 1803년에 정착하였다. 이곳에 정착했던 그들의 인구는 6,000명에 달했다. 재세례신자들로서 그들은 후터라이트들과 신앙에 있어서 많은 비슷한 모습을 갖고 있었다.

 요한 코니스는 이미 살고 있는 메노나이트 마을의 유형을 따라 그들의 공동체를 세우도록 후터라이트들에게 많은 도움을 주었다. 넓은 길 양편에 집을 짓고, 집 뒤로 넓은 과수원을 위치시키는 방식이었다. 곳간과 창고와 뜰을 그 뒤로 연결하였다. 요한 코니스는 탁월한 농업가요 뛰어난 교육가로서 후터라이트의 젊은 청년들을 메노나이트 농장에서 일하고 배우도록 함으로써 그들이 현대식 농업경영과 친숙해질 수 있도록 도와주었다. 그는 91명의 어린이들을 마을 학교에 출석시켰다. 어른들도 야간학교에서 공부할 수 있게 하였다. 이러한 방식으로 후터라이트들 또한 독일어를 말하는 많은 다른 사람들과 접촉할 수 있게 되었다. 비센카와 라디세프에서의 분리지향적인 삶과는 아주 대조되는 변화였다. 비록 사용하는 언어와 입는 옷의 모양이 다르긴 했지만, 후터탈(Huttertal)은 메노나이트 마을과 유사한 모습의 공동체로 성장하였다. 후터탈은 1852년에 두 번째 마을을 시작할 수 있을 만큼 경제적인 성장을 이룩하였다. 그들은 자신들을 도와준 요한 코니스에게 감사를 표하는 마음으로 두 번째 설립하는 마을의 이름을 요하네스러(Johannesruh)라고 이름 지었다. 스물한 가정이 이 마을에서 살게 되었다. 1868년 이 지역에는 총 다섯 개의 후터라이트 마을이 설립되어 삶을 영위할 수 있게 되었다.

비록 후터라이트들이 메노나이트들과 가까운 곳에 살았지만, 그들은 자신들의 설교자를 선출하였고 메노나이트들과는 별도로 예배를 드렸다. 선조들로부터 전해 내려오는 옛날 설교들이 교회 예배를 위해 읽혀지고 지속적으로 사용되었다. 사도행전 2장을 본문으로 한 오순절에 대한 설교, 즉 "모든 사람들이 재산을 자기 것으로 여기지 않고 함께 사용하였다."는 부분을 읽자, 많은 사람들이 양심의 가책을 느끼게 되었다. 몇 차례에 걸쳐 그들이 잃어버렸던 물질 나눔의 공동체를 시도하였으나, 모두 실패로 돌아갔다.

설교가였던 제이콥 호퍼(Jacob Hofer), 다리우스 월터(Darius

Walter), 그리고 마이클 발트너(Michael Waltner)가 물질 나눔 공동체를 다시 실행하도록 하는 큰 책임을 맡게 되었다. 이들은 '멋진 설교와 가르침'에 크게 고취되어 있던 사람들이었다. 특히 발트너는 비전과 황홀경에 사로잡혀 있던 사람이었다. 한번은 발트너 가족이 침대에 누워 있는 그를 보고 그가 죽은 줄로 알았다. 그가 아무런 숨도 쉬지 않고 있었기 때문이었다. 그들은 침대 주변에 모여 울기 시작하였다. 그러나 그는 죽은 것이 아니라 하나님께서 그에게 큰 비전을 주시는 꿈을 꾸고 있는 중이었다. 꿈속에서 한 천사가 나타나 그에게 하늘의 모습을 보여주었다. 천사들이 말로 표현할 수 없는 아름다운 노래로 하나님을 찬양하고 있었다. 한편 엄청난 고통과 아픔이 있는 지옥도 보았다. 발트너가 그 자리에 있던 천사에게 질문을 했을 때, 천사는 질문으로 그에게 대답했다. "방주 안에 있었던 사람들 외에 그 큰 홍수로부터 구원을 얻은 사람이 있는지 말해줄 수 있느냐? 네가 속해 있는 방주가 무엇인지 아느냐? 그 방주는 네가 더 이상 실천하지 못하고 있는 성령의 '게마인샤프(공동사회, Gemeinschaft)'이다."[8] 그리고 나서 천사는 그에게 이제 브루더호프로 돌아가서 예수와 그의 제자들이 보여준 모습대로 공동체를 세우라고 일러주었다. 발트너가 그의 황홀경으로부터 깨어났을 때, 자기를 빙 둘러싸고 울고 있는 가족들을 보고 깜짝 놀랐다.

그런 일이 있은 후에, 발트너와 호퍼는 기도를 위해 일상에서 물러나 하나님의 말씀을 연구하였다. 어느 날, 그들이 기도하기 위해 작업실에서 일을 잠시 멈추었다. 두 사람이 함께 기도하다가 먼저 기도를 끝내는 사람이 일어나 다른 사람에게 안수함으로써 새로운 '공동사회(Gemeinschaft)'를 시작하자고 이야기했다. 그들은 하나님의 인도를 구하는 간절한 기도를 드렸다. 호퍼가 먼저 기도를 마치고 일어나 손을 얹고 안수함으로써 마이클 발트너를 새로운 '공동사회'로 받아들였다. 그리고 호퍼가 무릎을 꿇고 발트너에 의해 안수를 받았다. 서로를 형제단에 초대하고 받아들임으로써 '공동사회'가 시작되었고 얼마 지나지 않아 큰 성장이 이루어졌다.

이 공동생활에 대한 새로운 갱신은 1859년에 이루어졌다. 물질 나눔 공동체가 폐기된 지 40년 만의 일이었다. 마이클 발트너가 대장장이였기 때문에, 사람들은 그를 '슈미드 마이클(Schmied-Michel)'이라고 불렀다. 그의 그룹은 '슈미드로이트(Schmiedleut)'라고 부르게 되었다. 그들은 후터도르프(Hutterdorf)의 한쪽 끝에 자리하여 살았고, 그 다음해에 다리우스 월터(Darius Walter)가 그 마을의 또 다른 편에서 물질 나눔 공동체를 시작하였다. 이 두 마을 중간에는 물질 나눔 공동체를 받아들이지 않은 사람들이 남겨지게 되었다.

1868년에 슈미드로이트가 후터도르프로부터 약 13km 정도 떨어진 셔로멧(Sheromet)이란 지역으로 삶의 터전을 옮겼다. 그곳에서 요하네스러로부터 온 다른 사람들이 합류하였다. 이들은 다리우스 왈트너의 그룹으로부터 분리되었던 그룹인데, 다리우스로이트(Dariusleut)라는 이름을 갖고 있었다. 이 다리우스로이트들은 미국으로 이민을 떠나기까지 후터도르프에 약 14년 동안 공동으로 살았다. 슈미드로이트는 1874년 남부 다코타(South Dakota)로 이민을 하기까지 후터도르프와 셔로멧에서 15년 동안 공동으로 살았다.

어려운 낱말들

단어:	의미:
황홀경(Trances)	황홀경은 비전의 다른 말이다. 어떤 사람이 황홀경에 빠져들면 그는 마치 꿈을 꾸는 것같이 보일 것이다.

러시아에서 미국까지

후터라이트들이 물질 나눔 공동체로 다시 돌아가게 되었던 때는 러시아가 정치적으로 변화하는 시기였다. 1864년 전까지, 메노나이트들뿐만 아니라 후터라이트들은 그들의 자녀 교육을 완벽하게 주관하고 있었다. 그러나 1864년 후부터 학교에서의 모든 규칙들은 러시아어로 시행해야만 했다. 메노나이트들과 후터라이트들은 모두 병역 복무가 면제되었지만, 1871년부터 군복무(military service)는 모든 사람에게 강제의무(compulsory) 조항이 되었다. 비록 메노나이트들과 후터라이트들이 정부에 탄원서를 보냈지만, 새로운 법을 바

꿀 수는 없었다. 그러자 다른 나라에서의 정착 가능성을 알아보기 위한 대표단들이 구성되어 미국을 포함한 여러 나라들로 보내졌다. 폴 채더(Paul Tschetter)와 조카인 로렌츠 채더(Lorenz Tschetter)가 후터라이트를 대표하게 되었다. 폴은 후터탈 출신의 설교가였지만, 물질 나눔 공동체를 실천하는 그룹 출신이 아니었다. 그는 이 여행에 대한 기록을 일기 형식으로 정리해 두었는데, 다스 크라인 게시흐트부흐(Das Klein Geschichtsbuch)에 실려 있다. 이 두 사람은 1873년 4월 14일 러시아를 떠나, 같은 해 6월 27일에 돌아왔다.

폴과 로렌츠는 좋은 땅과 정착해서 살기 좋은 지역을 찾기 위해 미국의 인디애나, 미네소타, 다코타 지역과 캐나다의 매니토바 등 다양한 지역들을 돌아보았다. 후터라이트들이 병역을 면제받고 학교를 독자적으로 운영할 수 있는지 알아보기 위해 미국 대통령과의 회의도 준비되었다. 그러나 미국의 대통령은 그들에게 이러한 특권을 부여하겠다는 보장을 해주지 못했다.

한편 러시아 정부는 약 45,000명이나 되는 메노나이트들과 후터라이트들로 구성된 최고의 농부들을 한꺼번에 잃게 될 것이라는 사실을 알게 되면서, 대표자를 파견하여 이들이 머물러 있을 수 있도록 설득하였다. 수많은 약속들이 있었지만, 병역복무 대신에 정부를 위한 대안복무 제도를 시행해 주겠노라는 약속을 제시하였다. 그 결과

45,000명 중 약 18,000명만이 러시아를 떠나게 되었다. 이 18,000명이라는 숫자에 물질 나눔 공동체를 살았던 사람들과 개인 농장에서 살았던 모든 후터라이트들이 들어 있었다.

비록 미국의 대통령이 그들이 원했던 이러한 특권을 보장해 주지는 못했지만, 폴과 로렌츠 채더가 미국에서 돌아옴으로써 러시아를 떠날 준비가 진행되었다. 셔로멧에 있는 재산은 메노나이트들에게 팔았고, 1874년 6월 7일에 113명의 슈미드로이트가 알렉산드로브스크에서 독일로 가는 기차에 몸을 실었다. 함부르크(Hamburg)에서 그들은 똑같은 숫자의 다리우스로이트와 합류하였고, 그들과 함께 미국으로 가는 '함모니아(Hammonia)'라는 배에 승선하였다. 이 배는 1874년 7월 5일에 뉴욕에 도착하였다.

뉴욕에서부터 그들은 다시 네브라스카(Nebraska)로 가는 기차를 탔다. 그러나 그들이 도착한 지역은 그들이 정착하기에 적합하지 않았다. 36명의 어린이들과 한 노인이 이질 병에 감염되어 목숨을 잃었다. 8월에 이 그룹은 북쪽에 위치해 있는 남부 다코타로 이주하였다. 이곳에서 슈미드로이트는 미주리 강(Missouri River)에 위치한 본 홈 카운티(Bon Homme County)라는 지역에 적합한 넓이의 땅을 발견하였다. 그들은 2,500에이커의 땅을 25,000달러를 주고 구입하였다. 이곳의 형제단(Bruderhof)을 본 홈(Bon Homme)이라

이름을 지었는데, 이 컬러니가 바로 현존하는 슈미드로이트 컬러니의 '모체'이다. 남부 다코타의 실버 레이크(Silver Lake)에서 첫 번째 겨울을 보낸 후에, 다리우스로이트는 그들의 첫 번째 공동체를 세울 수

러시아를 떠난 536명의 후터라이트와 메노나이트[데커(Decker), 프리슨(Frieson), 호퍼(Hofer), 크라인사서(Kleinsasser), 스탈(Stahl), 발트너(Waldner), 월터(Walter), 위프(Wipf), 볼맨(Wollmann)]들이 1874년 7월 5일에 함모니아(Hammonia) 호를 타고 뉴욕에 도착하였다. 이들 중 대부분은 남부 다코타로 갔다. 후터라이트들은 남부 다코타 양크톤(Yankton)에서 약 29km 떨어진 곳에 정착하여 지금까지 살고 있다.

있게 되었다. 이 공동체는 1875년 본 홈 컬러니로부터 북쪽으로 약 64km 떨어져 있는 울프 크릭(Wolf Creek)에 세워졌다. 이 컬러니 또한 북미에 있는 모든 다리우스로이트의 '모체' 컬러니가 되었다.

세 번째이자 마지막 그룹은 1877년에 러시아를 떠난 제이콥 위프(Jacob Wipf)가 인도했다. 이 그룹은 울프 클릭 컬러니로부터 서쪽으로 몇 킬로 안 되는 곳에 엘름스프링(Elmspring) 컬러니를 건설했다. 그들은 5,440에이커의 땅을 구입해 정착했다.

남부 다코타의 본 홈. 1876년에 지어짐. 컬러니 건물로부터 동쪽으로 약 1.6km 떨어진 곳에서 손으로 직접 돌을 잘라 운반해 와서 지은 집들이다.

이 그룹은 러시아 요하네스러에서 물질 나눔 공동체로 살고자 시도했지만 한 번도 성공하지 못했던 경험이 있는 그룹이었다. 그러나 미국에 도착하였을 때, 그들은 공동으로 살기를 원하였다. 위프가 '교사(Lehrer)'였기 때문에 이 그룹은 '레러로이트(Lehrerleut)'로 알려지게 되었다.

1874~1879년 사이에 공동생활을 하지 않던 모든 다른 후터라이트들도 러시아를 떠나야만 했다. 이들 대부분은 남부 다코타의 평원에 독립적인 자영 농가(homestead)를 이루며 정착하였다. 이리하여 컬러니를 이루며 살지 않는 후터라이트들은 '프레리로이트(prarieleut)'로 알려지게 되었다. 이들은 시간이 지나면서 메노나이트 교회에 합류하게 되었다.

후터라이트의 미국 생활 초창기라 할 수 있는 1874~1914년은 아주 어려운 개척기였다. 곡물을 심었으나 실패하였고, 대평원의 화재와, 메뚜기의 피해, 겨울의 심한 눈보라, 봄철의 홍수 등 많은 어려움을 겪어야만 했다. 그러나 이러한 고생에도 불구하고 컬러니들은 번창했고 성장에 성장을 거듭했다. 1897년에 공동체들은 다섯 개의 밀가루 방앗간을 소유할 수 있게 되었고 방적업, 목공업, 제화, 제철 및 책 제본업 등에 종사할 수 있게 되었다. 이 컬러니들은 오리와 거위로도 유명해지게 되었다. 빗자루를 만드는 산업도 시작하였다.

울프 크릭은 약 21쌍의 말들과 400마리의 소, 2,300마리의 양, 200마리의 돼지, 700마리의 거위, 200마리의 오리를 키우는 목축업으로 성공하였다. 이 컬러니에서는 최고의 기계들을 사용하기도 했다.

이러한 컬러니들은 북쪽으로 확장해 나갔으며, 1917년에 남부 다코타에 17개의 컬러니와 몬태나 주에 2개의 컬러니가 있었다. 1884년에 펜실바니아에 또하나의 컬러니를 세우려는 시도가 있었다. 독일 배경의 공동체인 래파이트(Rappites)라는 그룹으로, 그들은 결혼제도를 신뢰하지 않았기 때문에 결국 공동체 규모가 점점 더 작아질 수밖에 없었다. 그들은 펜실베이니아, 티디아우트(Tidioute)에 있는 래파이트 소유의 땅에 후터라이트들이 정착하여 살도록 하였다. (본 홈 컬러니에서 분가한) 트립 컬러니(Tripp Colony)로부터 열아홉 가정이 펜실베이니아로 이동하였다. 그러나 후터라이트들은 숲으로 우거진 땅을 농지로 개간하는 것이 너무 어렵다는 사실을 알게 되었다. 결국 2년 후 이 그룹은 다시 남부 다코타로 돌아오게 되었다.

1898년 스페인과 미국 간에 벌어진 전쟁(Spanish-American War)이 발생하였을 때, 다리우스로이트는 캐나다, 매니토바주의 도미니언 시(Dominion City) 근처에 하나의 컬러니를 세웠다. 만약 군복무가 강제된다면 후터라이트들이 캐나다로 이주해야 하는데, 이를 대비해서 세운 작은 컬러니였다. 캐나다 정부는 모든 후터라이트 컬러니들이 캐나다로 이주해 오기를 기대했다. 그러나 미국에서는 징집(conscription)이 이루어지지 않았고, 후터라이트들은 도미니언 시 주변의 땅이 척박하다는 것을 알게 되었다. 그리하여 이 컬러니는 다시 남부 다코타로 이주하게 되었다. 후터라이트들이 캐나다로 다시 북상하는 일은 제1차 세계대전이 시작될 때까지 이루어지지 않게 되었다.

1899년에 도미니언 시로부터 약 3km 떨어진 곳에 지어진 다리우스 컬러니의 주거지

세계대전과 캐나다로의 이주

다코타 지역에 정착하던 초기 시절, 지역 주민들은 후터라이트들에게 무관심했다. 그들의 컬러니들은 고립되어 있었고 극소수의 방문객들을 제외하고는 후터라이트의 존재조차도 알려지지 않았다. 그러나 1914년 제1차 세계대전이 발생하자 이러한 상황은 순식간에 변했다. 국가주의적(nationalistic)인 태도와 애국주의적(patriotic)인 태도를 취하는 미국 사람들이 독일을 상대로 하는 전쟁에 개입하면서부터 옷을 다르게 입고 군복무를 거부하며 독일 말을 쓰는 후터라이트들을 예의주시하기 시작했다. 이때부터 후터라이트들은 원수

관계인 이방인(foreigners)들로 보여지기 시작했다.

 1917년에 통과된 선발 징병법(Selective Services Act)에 의해 정부가 21세부터 31세에 해당하는 모든 남자들을 군복무에 임하도록 부를 수 있게 되었다. 후터라이트들은 아이들이 신체검사를 받을 수 있게 보고하고 등록해야 한다는 법에는 이견이 없었다. 그러나 그들은 그 어떤 군복도 입지 않았으며 어떠한 군법의 명령도 따르지 않았다. 한편 군 장교들은 이러한 후터라이트들에게 어떤 방식으로든 복무를 이행시키기 위해 갖은 압력을 동원하였다.

 펀스톤 부대(Camp Funston)에서 군복무 이행에 협조하기를 거부한 후터라이트 청년들이 무력에 의해 강요되고 폭행과 고문을 당하는 일이 발생했다. 어떤 사람들은 이들의 머리채를 끌고 운동장을 돌아다녔고, 어떤 사람들은 발을 묶어 죽을 때까지 물통에 이들을 거꾸로 달아매기도 했다. 어떤 사람들은 그들의 힘이 다 빠질 때까지 오토바이로 추격하기도 했다. 후터라이트 목사들이 워싱턴으로 가서 국가를 상대로 이 문제를 다루었으나, 청년들의 운명에는 아무런 도움을 주지 못했다.

 제이콥 위프(Jacob Wipf)와 세 명의 호퍼(Hofer) 형제들에게 아주 잔인한 고문이 가해졌는데, 이 일은 후터라이트들로 하여금 캐나다로 이주하도록 만든 계기가 되었다. 이들은 포트 레비스(Fort

Lewis)에 있는 군부대로 소환되었다. 그들이 군복 입기를 거부하고 그들에게 수어진 명령에 복종하지 않자, 이들은 곧 영창으로 보내졌다. 군대 유치장에서 2개월을 보낸 뒤 이들은 알캐트라즈(Alcatraz)에 있는 감옥에서 37년을 복역하도록 판결이 내려졌다. 이곳에서 그들은 낮에는 수갑을 차고 있어야 했으며, 밤에는 그들의 발목을 한꺼번에 연결하는 쇠고랑을 차고 있어야 했다. 지속적으로 군복 입기를 거부하자 각각 독방에 처넣어졌다. 이들은 축축하게 젖어 있는 바닥에서 잠을 자야 했으며 매 24시간마다 반 잔의 물만 주어졌을 뿐, 아무런 음식이 주어지지 않았다. 이따금씩 그들을 천정에 매달아 놓거나 곤봉으로 때리는 고문이 가해지기도 했다.

알캐트라즈에서 네 달을 보낸 후에, 이 네 사람은 포트 리븐월스(Fort Leavenworth)로 이송되었다. 이때 이들은 기차역에서부터 총검으로 협박을 당하는 가운데 걸어서 거리를 행진하도록 강요되었다. 날씨가 매우 추웠지만, 날씨에 맞지 않은 얇은 옷만 입히고 걷게 했으므로 추위가 뼛속을 파고들었다. 조셉과 마이클 호퍼가 더 이상 걷지 못하고 쓰러져 병원으로 이송되었다. 제이콥 위프와 데이빗 호퍼는 음식이 주어지지 않는 독방에 다시 갇히게 되었다. 그들은 매일 손과 발이 묶인 채로 아홉 시간씩이나 서 있어야 했다. 조셉과 마이클 호퍼는 얼마 지나지 않아 병원에서 숨을 거두었는데, 그들의 시신에는 살아서 그토록 입기 싫어했던 군복이 입혀져 있었다.

후터라이트 남자들은 병영에서만 박해를 받은 것이 아니라, 컬러니에서도 고통을 당했다. 한 번은 후터라이트 컬러니가 전쟁에 필요한 돈을 기부하지 않자, 애국심에 불타는 사람들이 100마리의 수송아지와 1,000마리의 양들을 몰고 가버렸다. 이들은 반도 안 되는 값에 이 동물들을 경매에 붙여 팔아버렸으며, 그 돈을 전쟁기금 위원회(War Loan Committee)에 기부하고, 그중 얼마 안 되지만 작은 부분을 적십자(the Red Cross)에 기부하였다. 그러나 이 돈의 출처에 대한 이야기를 들은 적십자는 돈을 한 푼도 받지 않고 돌려보냈다. 다른 많은 컬러니들이 이와 비슷한 형태의 공격을 당하였다. 독일어를 구사하는 사람들은 증오의 대상이 되었으며, 학교와 교회에서, 그리고 공적인 장소에서 독일어 사용이 전면 금지되었다.

이러한 사건들 혹은 이와 유사한 사건들은 후터라이트 컬러니들이 캐나다로 이민을 가게 된 중요한 동기가 되었다. 1917년에 수많은 사람들이 전쟁에 참여하여 캐나다 대평원에 노동력이 모자라게 되자 캐나다와의 타협은 급속히 이루어지게 되었다. 후터라이트들이 대평원에 정착해 주었으면 하고 기대했던 캐나다 정부는 그들에게 종교적 자유는 물론 병역 면제를 보장해 주었다. 이러한 합의에 따라, 1918년 많은 컬러니들이 앨버타 주와 매니토바 주에 땅을 구입하였다. 슈미드로이트는 매니토바에 본 홈(Bon Homme), 휴론(Huron), 제임스 밸리(James Valley), 맥스웰(Maxwell), 밀타운(Milltown), 그리고 로즈데일(Rosedale)이라는 여섯 개의 컬러니를 세웠다. 한편 다리우스로이트는 앨버타 주에 동 카드스톤(East Cardston), 로즈버드(Rosebud), 스프링베일(Springvale), 스탠드오프(Standoff) 그리고 윌슨 사이딩(Wilson Siding)이라는 다섯 개의 컬러니를 세웠다. 레러로이트는 앨버타 주에 밀포드(Milford), 뉴 앨름스프링(New Elmspring), 올드 앨름스프링, 그리고 락포트(Rockport)라는 네 개의 컬러니를 세웠다. 앨버타 주로의 이주는 앨버타에 있는 다른 정착민들에게 얼마간의 불안감을 일으켰다. 후터라이트에게 부여된 특권을 반대하는 청원서와 전보가 정부로 보내졌다. 1919년, 이러한 선동(agitation)은 정부로 하여금 후터라이트들에게 주었던 군복무 면제를 철회하도록 만들었고, 정부는 후터라이트들이 캐나다로 이민 오는 것을 더 이상 허락하지 않았다. 후터라이트들을 향한 이러한 적대감은 전쟁기간 동안 폭넓게 자리하게 되었다. 그 결과 후터라이트들은 이방인 취급을 받게 되었고, 전쟁이 끝난 후에도 이러한 적대감은 사그러들지 않았다.

  1918년, 캐나다에 정착한 15개의 컬러니들은 남부 다코타를 떠난 사람들답게 곡식들이 잘 자랄 수 있는 지역에 자리를 잡았다. 매니토바에 정착한 슈미드로이트들은 엘리(Elie) 지역에 땅을 구입하였고, 매니토바에 후터라이트 정착의 기본 유형을 마련하게 되었다. 여전히 이 지역은 매니토바 지역의 후터라이트 정착의 중심부로 대표되고 있다. 한편 다리우스로이트와 레러로이트들은 앨버타 주 남서부에 정착하였다. 레러로이트와 슈미드로이트가 남부 다코타에 있는 이전의 컬러니 이름을 따랐던 반면, 앨버타에 위치한 다섯 개의 다리우스로이트 컬러니들은 완전히 새로운 이름을 사용하였다.

매니토바와 앨버타 주에 이러한 첫 컬러니들이 형성된 직후에 더욱 더 많은 컬러니들을 세우고자 하는 노력들이 있었다. 최초의 컬러니들은 과밀현상을 방지할 만큼 그 규모가 크지 않았다. 그리하여 좀 더 많은 땅이 필요하게 되었다. 남부 다코타에서 급하게 이동해 나오는 과정에서 후터라이트들은 자신들이 갖고 있던 땅을 싼 값에 팔게 되었는데, 이로 인해 캐나다에서 땅을 사기에 충분하지 못하게 되었다. 1918년부터 1929년까지 매니토바에 네 개의 컬러니들이, 앨버타에 열한 개의 컬러니들이 추가로 더 생겨났다.

1920년대에 캐나다 대평원으로 몰려들게 된 메노나이트 이민과 더불어 후터라이트들이 급성장하게 되었는데, 이러한 급성장은 남부 앨버타 지역에 일종의 경계심을 유발시켰다. 무역위원회(the Board of Trade)는 그 주에 있는 가장 좋은 땅들을 사들이는 사람들이라며 후터라이트들을 향한 경계심을 늦추지 않았다. 앨버타 주의 농민연합(the United Farmers)의 리더였던 주지사 브라운리(Premier Brownlee)는 이러한 후터라이트들의 이민을 멈추고 후터라이트들이 소유하게 되는 땅을 제한하도록 연방정부를 움직였다. 그러나 연방정부는 이러한 제안들을 기각하였다. 경제공황이 대평원을 휩쓸었던 1930년대에 가서야 후터라이트들을 향한 분노가 사라지게 되었다.

경제공황 기간 동안 매니토바와 앨버타 주의 시정부들은 미처 지불되지 않은 토지세로 말미암아 경제파탄의 위기에 직면하였다. 이러한 상황 하에 있던 시정부들은 하나의 재산 가치로서 후터라이트들을 보기 시작했고, 좀 더 매력적인 조건들을 그들에게 제시하였다. 후터라이트들은 정부의 도움을 전혀 받지 않는 사람들이며, 모든 것을 자급자족할 뿐 아니라, 자신들이 산 땅을 위해 상환할 수 없는 대부금을 남부 다코타의 후터라이트들에게서 가져왔기 때문이었다. 이러한 것은 시 정부의 복지 문제를 바꾸어 놓았고, 경작되는 농토를 더욱 효율적으로 사용할 수 있게 만들어 주었다. 이러한 것은 또한 일전에 후터라이트들을 향해 가졌던 공식적인 태도를 완전히 뒤바꾸어놓는 계기가 되기도 했다. 그리하여 1930년대에 모든 후터라이트들은 일반 사람들과 아주 좋은 관계를 갖게 되었다.

1930년대에 싼 값으로 땅을 살 수 있었던, 매니토바에 있는 슈미드로이트는 일곱 개의 새로운 컬러니를 설립하였다. 1930년대에 앨버타에 있는 다리우스로이트와 레러로이트 컬러니들은 각각 일곱 개의 새로운 컬러니를 설립했다. 그 외에 매니토바에 새로이 설립된 몇 개의 컬러니들은 1930년대에 남부 다코타로 이주하기도 하였다. 그곳에서 다리우스로이트와 레러로이트들은 세 개의 새로운 컬러니를 설립하였고 토지를 구입하였다.

1940년대 캐나다에는 총 52개의 후터라이트 컬러니가 존재했으며, 그들의 이웃들과 아주 좋은 관계를 유지하였다. 그러나 이렇게 좋은 관계도 제2차 세계대전이 발생하면서 다시금 적대감으로 바뀌었다.

제2차 세계대전 이후의 후터라이트

제2차 세계대전(1939~1945년) 동안, 후터라이트들은 군 복무를 거부하였고, 양심적 병역거부자들(conscientious objectors)로 분류되었다. 그러나 제1차 세계대전과는 달리 종교적인 토대를 두고 군 복무를 거부하는 사람들에게 미국이나 캐나다 정부가 이들에게 보여준 모습은 부과하는 조항들을 통해 볼 때 적대감이 많이 수그러든 모습이었다. 꼭 군부대에 들어가도록 강요하는 대신에, 양심적 병역거부자들에게 대체복무를 할 수 있는 방안들이 마련되었다. 이것은 후터라이트들이 국립공원에 나무를 심는다든지, 제지 공장에서 일을 한다든지, 곡물을 나른다든지, 교회의 캠프를 운영하는 등 공공의 사업을 위해 일을 할 수 있게 되었다는 것을 의미한다. 어떤 후터라이트들은 이러한 대체복무마저 받아들이지 않고 감옥생활을 하기도 했다.

그러나 전쟁은 1930년대 동안 느낄 수 있던 후터라이트에 대한 좋은 처우를 다시 적대감으로 바뀌도록 만들었다. 전쟁기간 동안 후터라이트 출신의 양심적 병역거부는 어떤 면에서 이러한 적대감의 원인이 되었다. 그러나 실제로 후터라이트 컬러니의 성장 및 확장이 이러한 적대감에 좀 더 직접적인 관련이 있었다. 전쟁이 나자 캐나다 경제는 다시금 번영을 누리게 되었고, 이와 맥락을 같이한 후터라이트들의 영토 확장에 대해 더 많은 비판이 뒤따랐다. 농업은 상당한 수익을 올렸고, 자신들의 소유를 확장하고자 했던 농부들은 이제 후터라이트들과 경쟁을 해야만 했다. 앨버타 주의 어떤 농부들은 후터라이트 땅을 몰수(confiscation)해야 한다고 주장하였다. 그리고 후터라이트들이 캐나다 사회의 주류에 흡수될 수 있도록 노력해야 한다고 주장했다. 앨버타 정부는 이러한 압력에 대해 반응했고, 1942년 '적성국가의 외국인, 후터라이트 및 두호보르(Enemy Aliens, Hutterites and Doukhobours)'[9] 들에게 토지를 팔지 못하도록 하는 내용을 골자로 하는 '토지매매금지법(Land Sales Prohibition

Act)'을 통과시켰다. 이 조항은 '공동재산법(Communal Property Act)'이 제정된 1947년까지 발효되었다. 이러한 법안들은 후터라이트들로 하여금 재산을 확장하지 못하게 제한하였다. 이 법은 만약 후터라이트 컬러니가 그 지역에 이미 존재하고 있다면 그곳으로부터 반경 60킬로미터 이내에 새로운 컬러니를 세울 수 없으며, 하나의 컬러니가 6,400에이커 이상의 땅을 소유할 수 없도록 명시하였다. 1942년에 만들어진 이 '베테랑 토지법(the Veteran Land Act)'은 후터라이트에게 땅을 팔고자 할 때 60일 이전에 땅을 내놓도록 명시함으로써 후터라이트들의 토지구매를 매우 어렵게 만들어 놓았다. 이러한 차별화된 법안은 즉각적으로 발효되어 앨버타 주 남부지역의 후터라이트들은 한곳에 너무 많이 밀집되어 있다는 이유로 다른 주로 이주해야만 하는 결과를 초래하기도 했다. 그러나 이러한 차별화된 법안은 후터라이트들을 향한 적대감만 증대시킬 뿐이었다. 결과적으로 '공동재산법'은 후터라이트들로 하여금 서스캐처원(Saskatchewan) 주라든가 미국의 몬태나 워싱턴 주[10]와 같은 변경으로 후터라이트 컬러니가 생겨나도록 부채질하는 결과를 낳았다.

 1940년대와 1950년 동안, 앨버타의 다리우스로이트와 레러로이트 컬러니들은 매니토바에 12개, 서스캐처원에 8개의 컬러니들을 설립하였다. 서스캐처원에 설립된 이 새로운 컬러니들은 메이플 크릭(Maple Creek) 근처로 주의 남서쪽에 위치했고, 설립시 그들을 도운 원래 컬러니들로부터 320km 내에 위치해 있다. 이러한 서스캐처원 주로의 이동은 1952년부터 시작되었고, 새로운 컬러니들은 1년에 한 개 꼴로 생겨났다. 서스캐처원에서의 토지 구입은 이미 정착하고 있는 사람들이 땅을 팔 준비가 되어 있는 지역에서 이루어졌다. 수많은 컬러니들이 서로 가까이에 위치하게 되면서 약간의 비판과 적대감이 형제단들에게 표출되기도 했다.[11] 반대가 생겨나자, 서스캐처원 주 정부는 캐나다 정신건강협의회(Canadian Mental health Association)에게 서스캐처원에 더 많은 컬러니들을 인가할 때 생겨날 만한 가능한 반응들이 어떤지 가감없이 보고하도록 권위를 부여하였다. 어떻게 하면 적대감을 피할 수 있는가에 대한 공평한 자료를 요구하기 위함이었다. 캐나다 정신건강협의회의 보고에 따르면, 가능한 한 후터라이트들이 갈등이 적은 지역의 땅을 찾도록 정부 후원 하에 전문적 조언과 평가를 추천하고 있다.[12] 다른 추천의 내용들과 함께 이러한 것은 결국 후터라이트들이 정착하고자 하는 지역에서 이들을 향한 적대감을 최소화시키는 데 도움을 주었다.

　　서스캐처원 주에서의 이러한 성공은 앨버타 정부로 하여금 '공동재산법'을 다시금 재평가하도록 부추겼고, 이 문제를 전문적으로 연구하기 위하여 후터라이트 조사위원회(Hutterite Investigation

Committee)가 임명되었다. 위원회의 추천에 의거하여, 앨버타 정부는 후터라이트들의 확장을 규제하기 위한 공동재산 조정위원회(Communal Property Control Board)를 조직하였다. 이 위원회는 여러 제안들을 검토하기 위한 모임을 가졌고, 정착하고자 하는 이들의 선택을 반대하거나 찬성하는 결정권을 앨버타 주의회가 갖도록 규정하였다. 이 위원회는 확장을 원하는 열네 개의 후터라이트 컬러니들 중 절반 이상을 거절하였다. 지원서를 심사하기 위한 위원회의 규칙들은 각 컬러니 간에 최소한 25km 이상 떨어져 있어야 하며, 어떤 시에든지 두 개의 컬러니를 설립해서는 안 되며, 공동체적으로 소유할 수 있는 시의 가능한 땅은 5% 이상을 넘지 않도록 규제하고 있다.[13]

매니토바 주의 후터라이트 컬러니 확장에 대한 반대는 다른 형태로 이루어졌다. 1946년에 두 개의 슈미드로이트 컬러니의 설립을 막기 위한 공적인 압력이 있긴 했지만, 이들의 설립에 그 어떤 법적 제한을 두어서는 안 된다고 주장하는 개인들 및 시민자유연합(Civil Liberties Union)으로부터의 후원이 있었다. 그러나 1957년 매니토바 시연합(Union of Manitoba Municipalities)의 압력에 의해 후터라이트들과 시 사이에 '신사적 협정(Gentleman's Agreement)'이 마련되었다. 이 협정은 앨버타 주의 '공동재산법'과 같은 성격의 것이었다. 이 협정은 후터라이트 컬러니들이 한군데에 밀집해 있는 것을 막고 매니토바 전역에 퍼져 존재하도록 하고 있다. 후터라이트들은 큰 도시에 두 개 이상 그리고 작은 도시에는 한 개 이상의 컬러니를 설립하지 않는다는 것에 동의하였으며, 새로 생기는 컬러니가 최소한 기존의 컬러니로부터 16km 이상 떨어져 있어야 하며 면적도 5,120 에이커를 초과하지 않는다는 내용에 동의하였다. 그러나 이러한 규제들은 후터라이트들의 성장을 크게 방해하지 못하였다. 1950년대에는 매니토바에 12개의 새로운 컬러니들이 형성되었고, 이들은 모두 법이 명시하는 바대로 기존 컬러니로부터 상당한 거리를 두고 설립되었다. 결과적으로 새로 생겨나는 컬러니들에게 기존의 컬러니 근처에서 땅을 사는 비용과 어려움이 나타났고, 이는 '신사적 협정'에 의한 것과 거의 같은 결과였다.

제2차 세계대전 이후 캐나다 후터라이트들을 향해 드러난 적대 감과 제한적 법규는 후터라이트들이 함께 일하게 하는 결과를 가져왔다. 오랫동안 주요한 세 그룹으로 분파를 형성하며 성장했던 북미의 후터라이트들(레러로이트, 다리우스로이트, 슈미드로이트)은 각각 다른 주 정부 및 법정 앞에서 하나의 연합된 교회라는 인식을 갖지 못했었다. 그러나 앨버타 주의 제한적 법안과 서스캐처원과 매니토바 주의 반대는 이러한 교회들이 정부에 대해 어떤 일을 할 때 함께 일

할 수 있도록 좀 더 긴밀한 관계를 만들어 주었다. 1950년, 후터라이트 형제단 교회(the Hutterian Brethren Church)라는 이름으로 하나의 연합회가 형성되었다. 비록 1년에 한 번 모이는 모임이었지만, 협회의 기능은 법적으로 제제를 받거나 모든 공동체가 함께 직면하는 공동의 관심사가 있을 경우 언제든지 후터라이트 교회를 대표하는 기관이 되었다.[14]

1960년대와 1970년대에 들어서면서 후터라이트들을 향한 일반 대중의 태도 및 정부의 태도가 많이 바뀌게 되었다. 1960년대 디펜베이커(Diefenbaker) 정권에 의해 권리청원(the Bill of Rights)이 제정되어 사람들이 시민의 자유에 대한 인식이 바뀌었고, 소수민족들을 공격하는 것을 더 이상 묵과하지 않았다. 1960년대 말 ≪캘거리 헤럴드 *Calgary Herald*≫와 ≪에드먼턴 저널 *Edmonton Journal*≫과 같은 아주 보수주의적인 신문들조차도 후터라이트들에 대해 좀 더 호의적인 정책이 채택되어야 한다고 발표하였다.[15]

1972년에 앨버타 주정부에 루그히드 보수당 정권(Lougheed Conservative Government)이 들어서면서, 후터라이트의 요청들을 다시 검토하기 위해 위원회가 결성되고 위원들이 임명되었다. 이 위원회는 '공동재산법'이 1966년에 통과된 '인권법(Human Rights Act)'에 반하는 내용을 담고 있음을 발견하게 되었다. 그 결과 1973

년에 '공동재산법'이 폐지(repealed)되었다. 30년 만에 후터라이트들은 자신들이 원하는 토지를 자유롭게 살 수 있게 되었다. 약간의 반발이 있었는데도 불구하고, 앨버타의 후터라이트들은 이러한 법이 폐기되어 자유가 주어지자마자 5개월 내에 44,475에이커의 땅을 사들였고, 일곱 개의 새로운 컬러니를 건설하였다. 예전의 컬러니들 또한 자신들의 토지를 17,518에이커로 늘였다. 1975년에 후터라이트들은 앨버타 주에서 경작할 수 있는 땅의 1%를 소유하게 되었다.[16]

매니토바 주에서는 1960년대에 후터라이트들이 이미 정착하고 있는 지역들에 16개의 새로운 컬러니들을 설립하였다. 1972년에 '뉴 로즈데일 컬러니(New Rosedale Colony)'가 맥도날드 공군기지(Mcdonald Air Base)를 사들여 에어포트 컬러니(Airport Colony)를 설립했을 때, 후터라이트들이 땅을 사들이는 방식에 더 이상 아무런 제한이 없게 되었다. 주변의 농부들이 '신사적 협정(Gentleman's Agreement)'을 어긴 것이라며 반발을 했지만, 매니토바 정부는 이 협정이 더 이상 유효하지 않으며 민주적이지도 않다고 선언함으로써 후터라이트들이 사들인 땅을 지킬 수 있었다.

1874년에 후터라이트들이 북미에 도착하면서 그들은 인구의 성장과 번영의 시대를 열어가기 시작했다. 이러한 성장과 번영은 모라비아에서 누렸던 황금기를 능가하는 것이었다. 1980년, 미국과 캐나다의 후터라이트 인구는 총 24,316명으로 집계 되었다.

어려운 낱말들

단어: 의미:

몰수(confiscation)   정부가 공적인 이용을 위해 땅과 물건들을 압류해 가는 것. 몇몇 앨버타 농부들은 캐나다 정부에게 후터라이트들이 소유한 땅을 몰수해가기를 원했던 것은 이러한 예들 중 하나이다.

양심적 병역거부자(conscientious objectors)   자신들의 양심이 허락하지 않아 전쟁에서 싸우기를 거부하는 사람을 양심적 병역거부자라고 한다. 종교적인 이유로 전쟁에 가기를 거부한 모든 사람들을 양심적 병역거부자라고 부른다.

연락책(liaison)   연락책은 양자 간에 어떤 역할을 맡은 공무원이다. 앨버타 주에서 연락책을 담당하는 공무원이 후터라이트들과 정부 사이에서 필요한 역할을 담당하였다.

표 1. 2004년 북미의 후터라이트 인구

Category	Schmiedeleut	Dariusleut	Lehrerleut	Total
Population	15,500	12,560	11,370	39,340
No. of Colonies	170	146	130	446
Mean Size	91	86	87	(88.4)
Location and No. of Colonies in the United States				
South Dakota	53	0	0	53
Montana	0	13	35	48
North Dakota	6	0	0	6
Washington	0	5	0	5
Minnesota	6	0	0	6
Total in U.S.A.	65	18	35	118
Location and No. of Colonies Canada				
Alberta	0	97	63	160
Manitoba	105	0	0	105
Saskatchewan	0	29	32	61
B.C.	0	2	0	2
Total in Canada	105	128	95	328

표2. 1528년부터 2004년까지의 후터라이트 인구 변화

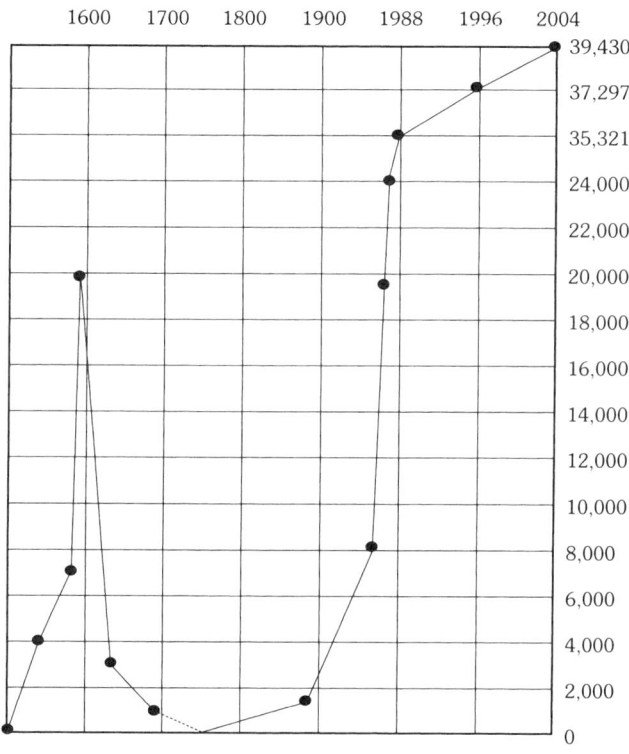

No Bruderhofs
  Moravia   Hungary   Romania   Russia   North America
                      1690-1762 1819-1859 During these years no
                                            formally organized
                                            communal life existed.

출처: John Hostetler, *Hutterite Society*.(Baltimore: John Hopskins Univ. Press 1974), page 291 and *Hutterite Census*, 1996.

후터라이트 조직과 캐나다에서의 경제

■

PART II

캐나다 후터라이트 조직 및 협회의 발전

캐나다에 있는 후터라이트들의 생활은 분리된 공동생활의 형태를 취했던 초대교회의 이상을 그대로 보존하고자 했던 하나의 시도로 볼 수 있다. 이러한 공동체 교회가 갖고 있는 교리는 성인 세례, 무저항, 맹세를 하지 않는 등 다른 근본주의적 입장을 취하는 교회의 교리와 비슷한 점들이 많다. 이들이 갖고 있는 신념들 중에 가장 근본적이면서 가장 독특한 것은 물질 나눔의 공동체에 대한 엄격한 헌신이다. 공동의 삶은 하나님의 신적 질서로 이해된다. 그들의 입장에서 볼 때, 세상에 무질서를 가져오는 것은 개인이다. 이러한 개인들은 지배하고 탐욕스런 정신을 갖고 있는 사람들로서 비록 세상을 지배하려고 하지만 실제로는 이러한 것에 의해 지배받고 통제받는 사람들이다. 후터라이트들은 공동체를 개인보다 훨씬 중요한 것으로 이해하며, 공동체가 개인을 다스릴 수 있어야 함을 매우 중요하게 여긴다. 개인을 공동체에서 추방하거나 징계하고, 용서하고, 회개한 사람을 다시 공동체로 받아들이는 모든 권위를 갖고 있는 주체가 바로 공동체 회중들이다. 따라서 그 누구도 전체 컬러니에 영향을 미치는 결정권을 독단적으로 행사할 수 없다.

후터라이트의 신앙에 따르면, 사람들을 위해 무엇인가 유용한 것을 만들거나 유익을 주기 위해 정직하게 일하는 것을 늘 존중한다. 하지만 상업적으로 혹은 경쟁적으로 무엇을 거래하거나 사고파는 행위는 악한 일이라고 여긴다. 손으로 하는 노동과 물질 나눔의 공동체에 대한 이러한 신앙은 컬러니라는 영역 안에서 구체적으로 표현되어 있다. 컬러니 내에서만 사람들이 하나님의 질서를 유지할 수 있다는 것이 바로 후터라이트들의 신념이다.

컬러니는 그 지역 내에 거주하는 모든 사람들로 구성되며, 공동의 삶 속에서 일어나는 활동을 통해 각 사람들이 생물학적으로, 경제적으로, 의식 및 행사를 시행하는 자기 보존적 단위이다.[1]

매니토바 주에 있는 후터라이트 컬러니

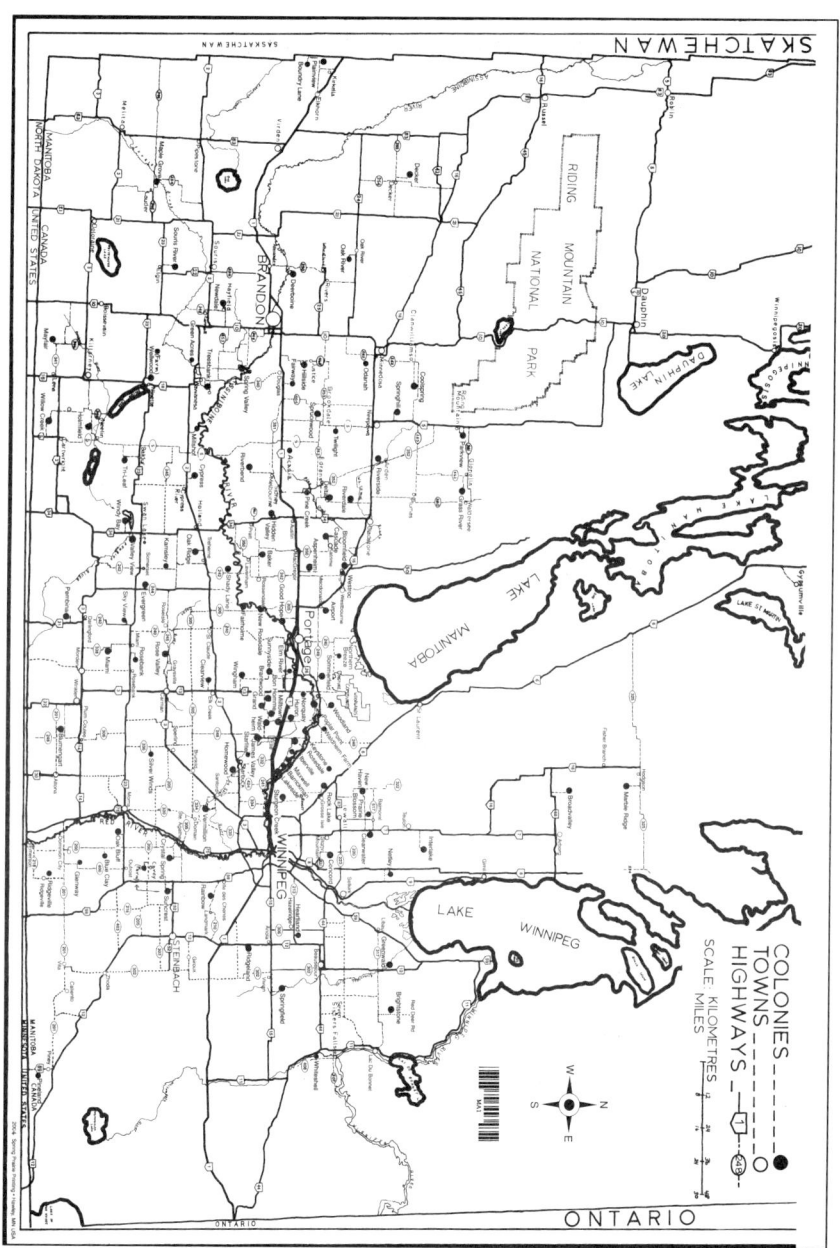

브루더호프(Bruderhof) 혹은 컬러니(Colony)

브루더호프라는 단어는, 모라비아와 슬로바키아에서 집단 농장 및 물질 나눔의 공동체를 이루며 살았던 한 마을공동체로서 후터라이트들에 의해 실행된 공동체 단위를 일컫는다. 각 브루더호프는 귀족들의 영내에서 자신들의 땅과 숲, 연못, 방앗간을 소유하면서 자급자족을 추구하였다. 각 공동체는 하나의 대가족 형태로 200명에서 400명 정도로 구성되었으며, 가정 총무(Steward of the House)의 역할을 담당하는 '디너 데 노트두르프(Diener Der Notdurf)'를 선출하여 관리하였다. 이러한 브루더호프의 개념은 러시아, 미국을 거쳐 1918년 캐나다에 이르기까지 삶의 터전을 바꾸면서 약간의 변화를 겪게 되었다.

이러한 컬러니 혹은 마을 형태의 정착지는 외부 세계로부터 방해받지 않고 후터라이트 방식의 삶을 지켜나갈 수 있게 정리되어 있다. 컬러니 건물들은(대략 50여 개의 건물들로 구성) 숙소들, 교회, 학교들 그리고 농사를 통해 경제활동을 할 수 있도록 하는 여러 기본 건물과 시설들로 구성되어 있다. 대략 50에서 150에이커로 되어 있는 정착지는 대개 도시나 주 고속도로로부터 멀리 떨어져 있는 곳에 위치해 있으며, 포장도로가 아닌 자갈로 된 도로를 통해 연결되어 있다. 컬러니에 들어서면 사람들은 장비들이 있는 창고와 동물들이 있는 축사들 혹은 농사와 관련되어 있는 여러 시설들을 볼 수 있을 것이다. 이러한 시설들을 끼고 마을로 들어서면 훌륭하고 멋진 모습으로 계획된 주거단지들을 볼 수 있을 것이다. 대부분의 컬러니들은 잘 관리된 잔디, 꽃밭, 시원한 그늘을 드리워주는 나무들, 그리고 평화롭고 공원과 같은 안락한 분위기를 느낄 수 있을 것이다.[2]

이러한 배치는 후터라이트들의 신앙과 실용적인 경험을 토대로 이루어진 것이다. 대부분의 컬러니들이 갖고 있는 수많은 헛간과 축사들은 매우 실용적이며, 좀 더 많은 공간을 마련할 수 있는 마을 외부에 위치해 있어 여러 모로 매우 기능적이다. 그러나 이러한 설계는 실용적이며 기능적일 뿐만 아니라 후터라이트의 공동체 생활방식을 반영하는 것이기도 하다. 컬러니의 중앙에는 모든 사람들이 함께 모여 식사를 하는 식당, 주거공간과 생활에 필요한 물품을 두기 위한 창고들, 유치원, 학교, 교회 들이 위치해 있다.

캐나다에 있는 대부분의 컬러니들은 50명에서 200명 정도로 구성되어 있고, 그들의 조직과 발전적 특성은 거의 비슷하게 이루어져 있다. 급속한 인구 성장 때문에, 모든 컬러니들은 나름대로의 분가 및 확장 방식을 통해 새로운 컬러니를 세워나가고 있다. 대체로 후터라이트들은 그들의 컬러니가 150명을 넘어서는 것을 좋아하지 않는다. 그 결과 대략 14년마다 컬러니가 분가하는데, 최근 들어서 그 기간이 조금 더 길어지고 있다. 컬러니의 인구가 150명을 초과하게 되면, 인구 과밀현상과 일손이 남아도는 현상이 발생하며 행정과 교제 차원에도 어려움이 생겨나게 된다.

의도적인 계획 하에 컬러니 전체의 자산과 투자, 권위의 재조직, 가족 기능의 재편성 등을 조심스럽게 논의하면서 새로운 컬러니

캐나다 앨버타 주 그래씨 레이크(Grassy Lake)에 위치한 폰데로사 컬러니 (Ponderosa Colony) 정경. 1974년 10월 14일에 설립되었으며 1981년의 인구는 54명이었다. 그래씨 레이크는 메디씬 햇(Medicine Hat)과 레스브리지(Lethbridge) 사이에 위치해 있다.

를 세울 준비를 한다. 컬러니의 인구가 약 100명 선에 달한다면 대략 30명의 남녀 노동력을 갖게 되며, 그 성장과 분가를 위해 일반적으로 세 단계의 과정을 밟는다. 첫 번째 단계는 새로 분가한 컬러니가 빚을 갚아가는 단계이다. 두 번째 단계는 그들이 필요한 장비들과 재산을 늘려가는 단계이며, 마지막 세 번째 단계는 다음 분가를 위해 저축하는 단계이다. 캐나다 매니토바 주에서는 넓은 농지를 구입하기가 이전보다 어려워지고 있는 실정이라서, 컬러니는 점점 커지고 땅의 크기는 점점 줄어드는 추세에 있다.

현재 땅값이 비싸지는 것과 더불어, 정부가 정해놓은 할당제로 인해 새로운 컬러니를 설립하는 것이 점점 더 어려워지고 있다. 많은 경우에 새로운 컬러니들은 계약을 체결하기가 어려워 이전의 컬러니와 비슷한 수준의 경제규모로 성장하기가 쉽지 않은 실정이다. 할당제에 의하면, 만약 두 개의 컬러니가 같은 기업을 운영하기 원하면 새로운 컬러니는 반드시 모체가 되는 컬러니에서 분가해야만 한다.[3]

분가하기로 결정이 내려지면, 전체 공동체가 새로운 장소의 적합성에 대해 동의해야만 한다. 비록 분가 정책이 서로 다른 분파의 후터라이트마다 다소간 다를 수 있겠지만, 공평성을 유지하는 것은 어디에서나 같다. 레러로이트와 슈미드로이트 간에 볼 수 있는 분가에 대한 허락은 전체 로이트에 속한 다른 컬러니들의 동의를 얻어야만 가능하다. 이러한 예방책은 섣부른 결정이 일어나는 것을 방지함으로써 공동체의 전체 체계가 성공적으로 이루어질 수 있도록 보장해 준다. 한편 다리우스로이트는 다른 공동체들의 공식적인 동의 없이 분가하는데, 공동체 그룹들이 자발적으로 새로운 지역에 컬러니를 세우는 식으로 이루어진다.

    1950년대에 매니토바 지역의 후터라이트 분가 정책에 변화가 일어났다. 이전에는 충분한 땅이 구입되었을 때, 그 컬러니의 자산과 인구가 나누어지고, 그 즉시 분가가 이루어졌었다. 그리고 새로운 그룹이 새로운 컬러니를 세우기 위한 책임을 졌었다. 그러나 최근 몇 십 년 동안 이러한 절차는 자산과 인구를 나누기 전에 새로운 공동체들이 이미 형성되는 식으로 변화되었다. 대개 모체가 되는 컬러니가 땅을 사는 것과 건물 및 시설을 세우는 데 필요한 모든 책임을 다 감당함으로써 새로이 생겨나는 컬러니가 초기에 겪을 어려움을 미연에 방지해 준다. 이러한 것은 제비뽑기를 통해 선택된 가족들 중심으로 이루어진다. 어떤 경우에는 자원하는 식으로 떠날 가족들이 결정되기도 하는데, 이때 전체적인 남녀 간의 비율과 나이들이 골고루 분포되도록 준비된다.[4]

행정(Administration)

후터라이트의 행정 체계는 16세기 모라비아 컬러니들에 의해 채택되었던 체계와 거의 다르지 않다. 이 후터라이트 공동체는 영적이며 실제적인 문제를 모두 껴안을 수 있는 아주 복합적인 성격을 가진 기관으로서, 공동체 질서를 위한 규범 및 관습과 전통이 표현되어 있는 '규율(Gemeindeordnungen)'을 근간으로 운영된다. 무엇보다도 하나님의 말씀이 이러한 법과 질서의 가장 근본으로서 작용한다.

컬러니 내에 세례를 받은 모든 사람들은 멤버를 받아들이거나 제외시키는 힘을 가진 교회 혹은 '공동체(Gemein)'를 구성한다.

로즈데일 컬러니(Rosedale Colony)

그러나 여자들은 교회에서 아무런 목소리를 내지 못하고 컬러니 정책을 형성하고 입안할 때 참여하지 않으며, 교회에서 리더십 자격이 주어지지 않는다. 행정력은 완전히 후터라이트 교회의 성인 남자 회원들에게만 있다.

컬러니의 조직을 이루는 규율들은 다섯 명 혹은 여섯 명으로 구성되는 '조이그부르더(Zeugbrüder)'라는 위원회에 의해 감독되며, 이들은 컬러니에 의해 선출되어 컬러니 전체 행정을 책임지는 아주 중요한 역할을 담당한다. 목사, 컬러니 청지기, 농장 감독 및 현장 관리인들이 자동적으로 위원들이 되며, 그 외 컬러니에서 가장 나이가 많은 남자가 평생 위원이 된다. 종종 독일어 선생님과 한두 사람의 남자들이 이 위원회를 위해 봉사하기도 한다. 이 위원회는 재무위원회, 교회의 감독과 일의 업무, 담당자의 변화 및 컬러니의 규율을 결정하는 역할을 감당한다. 따라서 이 위원회의 활동은 전체 회중들에 의해 감독을 받으며 잘못이 있을 경우 위원들이 추방을 당할 수도 있다.

컬러니의 목사는(어떤 컬러니에는 목사가 한 사람 이상이 될 수도 있다.) 추천을 받은 사람들을 놓고 제비뽑기로 선출한 후, 몇 년 동안 지도력을 검증한 후 안수하게 된다. 목사는 각 후터라이트의 수장이며 동시에 영적 리더로서, 전통을 수호하고, 공동체의 대변인 역할을 한다. 무질서한 행동이 발생하였을 때 이를 처리하며, 발생한 문제들을 교회의 회원들 앞으로 가져와 문제의 중요성을 알리는 역할을 감당한다. 목사의 종교적 의무는 교회 예배를 주관하며, 세례, 장례 및 죄의 문제가 발생할 때 이를 징계하는 행정적 역할을 모두 포함한다. 그는 공동체 내에 속해 있는 모든 사람들에게 평생 동안 교리를 가르치고 감독하며, 컬러니의 교육과 경제적 안녕을 직접 관장한다. 목사들은 대개 종교적으로는 상당히 보수적이지만, 일과 경제적인 문제에 있어서는 상당히 진보적이다.[5]

권위에 있어서 다음 서열은 '하우스할터(Haushalter)'라고 불리는 컬러니 청지기(colony steward)로, 컬러니의 경제를 책임진다. 그는 컬러니의 성인 남자 회원들에 의해 선출되며, 컬러니의 모든 재정을 담당한다. 그는 다른 많은 기업인들 및 매니저들과 끊임없이 의사소통을 하면서 컬러니의 주요 사업을 이끌어간다. 대체로 컬러니 청지기는 외부 세계와의 관계에서 컬러니를 대표하는 사람이다.

농장감독 혹은 현장관리인 또한 공동체에 의해 선출되며, 농업 및 컬러니의 인력관리를 담당한다. 컬러니 청지기들과 협력하는 가운데, 농장감독은 젊은 사람들에게 일감을 나누어주며 이를 감독한다. 그는 목사 및 청지기와 함께 무슨 종류의 작물을 심을 것인지, 땅의 어느 부분을 쉬게 할 것인지, 어느 땅이 방목에 적합한지 등을 결정하며, 그 외의 농사에 대한 많은 것들을 결정한다. 그는 정부의 농업관리부와 소식을 주고받으며 최신 농법을 배우기도 한다.

　　이러한 세 분야의 리더들 아래, 컬러니의 제한적이고 다양한 연령층의 인력과 노동력이 극대화되고 있다. 컬러니가 관여하는 기업은 각각 일을 책임지는 담당자가 선출되어 있으며, 그 분야의 조수가 있어 일을 배워나간다. 독일어 교사, 소 담당자, 돼지 담당자, 가금 담당자, 대장장이, 목수, 기계공, 제화공, 양봉 담당자, 책 제본, 정원 관리인, 칠면조 관리인 등, 모든 남자들이 특정한 임무를 담당하고 있다. 이러한 노동력의 분배는 남자들뿐만 아니라 여자들에게도 해당되는데, 주로 요리 담당, 바느질 담당, 정원관리 등의 담당자들이 선출되어 일을 관장한다.

캐나다 후터라이트의 교육

후터라이트 교육 프로그램은 거의 300년 동안 끊임없이 이어져 내려온 교육으로서, 어떻게 후터라이트 자녀들을 양육할 것인가에 대한 기본 원칙이 피터 리드만(Peter Riedeman)에 의해 정해졌다. 피터 리드만이 세운 기본 원칙은 1568년 공적인 학교 질서 및 규율을 소개했던 피터 왈포트(Peter Walpot)에 의해 다시 수정되었다. 유럽 전체에 아직 초등교육이 실시되지 못했던 열악한 상황 속에서도, 이미 후터라이트들은 학교교육을 시행하고 있었고 그 교육 수준 또한 매우 훌륭하였다. 후터라이트들이 주로 강조하는 것은 아이들이 성장·발달하는 기간 내내 규율이 변함없이 실행되고 유지되어야 한다는 것이었다. 16세기에 발전된 이러한 후터라이트 교육 체계는 후터라이트 자녀들이 세 살 때부터 자신들의 직업을 배울 때까지 지속적인 돌봄과 훈련을 쌓아 나가도록 되어 있다. 어린아이들은 처벌을 기꺼이 받아들일 수 있도록 배우며, 청결과 건강한 삶을 생활화하도록 교육되고 있다. 이러한 체계와 규칙들은 러시아로 이어졌고, 후에 미국과 캐나다를 거쳐 현재까지 시행되고 있다.

후터라이트들은 기초교육을 강조하고 있으며 고등교육을 신뢰하지 않는다. 공교육과 크게 구별되어 있는 컬러니 교육은 유치원, 주일학교, 다양한 공동체 기업 내에서 수행되는 정식 도제(徒弟)실습(apprenticeship) 과정이 포함되어 있다. 후터라이트 아이들은 두세 살 정도가 되면 정식 교육을 받기 시작하는데, 비공식 교육 혹은 사회교육은 이보다 더 일찍 시작된다. 후터라이트 사회 안에서 아이들의 양육은 선과 악에 대한 논쟁과 더불어 선을 이루어 나가야 하는 것으로 여겨지며, 인간에게 존재하는 죄의 본성은 공동체 내의 기독교 훈련을 받을 때에만 통제될 수 있다고 가르치고 있다.[6]

유치원(Kindergarten)

후터라이트 아이들이 유치원 혹은 크라이네 스쿨(Kleine Schul)에 들어갈 때부터, 공동체 생활은 아이들에게 그 영향력을 끼치게 된다. 유치원 건물은 대개 울타리에 둘러싸인 작은 집으로, 공동체의 부엌과 아주 가까운 곳에 위치해 있다. 이곳에서 아이들은 하루 여섯 시간을 보내며, 그곳에서 음식을 먹고, 간단한 기도문과 찬송들을 암기하며, 주어진 시간 동안 놀이를 하며 잠을 잔다. 3년간의 유치원 생활은 가족에게서 떨어지는 습관을 갖게 하며, 자기 나이의 아이들과 어울리며 공동생활이 어떠한 것인지와 공동체의 권위에 복종하는 삶에 대해 배우도록 되어 있다. 아이들은 자기의 음식과 장난감을 함께 먹고 나눌 수 있도록 배우며, 교사를 존경하도록 가르쳐진다. 협동하며 사는 법을 배우고, 잘못했을 때 처벌을 받는 법도 배우게 된다. 이러한 유치원 생활을 마치게 되는 아이들은 공동체 생활과 질서를 기꺼이 받아들이게 된다.

독일어 학교(German School)

독일어 학교 혹은 '그로세 스쿨(Grosse Schul)'은 일반 학교에 들어갈 나이(5~15세)에 해당하는 아이들이 공교육이 시작되기 전후 두세 시간 동안 출석한다. 그들은 독일어 선생님에게 지도를 받는데,

후터라이트 아이들의 공동체 생활을 위한 유치원

독일어 선생님은 대개 결혼한 사람으로 컬러니 리더 중 한 사람이다. 이 자리는 매우 중요하게 여겨지고 있는데, 이는 독일어 선생님이 미래의 컬러니 멤버들을 교육할 책임을 지고 있기 때문이다. 독일어 학교의 기능은 하나님을 아는 지식과 후터라이트의 권위에 의심을 갖지 않고 복종하도록 아이들을 가르치는 것이다. 후터라이트 어린이들은 어려서부터 자기 훈련을 배우며, 후터라이트 공동체 내에서 이루어지는 여러 가지 의식들을 배운다. 규칙들은 공식적으로 발표되고 배우도록 되어 있으며, 잘못한 사람들은 이를 저항과 분노 없이 받아들이도록 교육된다. 대개 수업은 영어로 진행되며, 비록 라틴어 성경을 쓰는 시간이 점점 늘어나긴 하지만 독일어 고딕체 쓰기 연습을 하며, 후터라이트 찬송가와 성경 구절들을 읽고 암송하게 한다. 전형적인 하루의 일과를 보면, 독일어 선생님이 아침 기도와 아침 식사를 위해 7시에 수업을 시작한다. 8시에 아이들은 암송과 쓰기 수업을 하는데, 쓰기는 고딕체로 쓰고 학생들이 유창하게 암송할 수 있을 때까지 많은 시간이 주어진다. 토요일은 정오까지 수업이 진행된다.

주일학교(Sunday School)

주일학교는 독일 학교와 매우 밀접하게 연결되어 있으며, 다섯 살이 넘은 모든 아이들은 그들이 세례를 받을 때까지 주일학교에 참여해야 한다. 학생들은 대개 독일어 선생님이나 컬러니의 목사에 의해 지도를 받는다. 주일학교 수업은 노래와 설교 혹은 설교 암송으로 이루어진다. 교회의 교리가 후터라이트 아이들에게 체계적으로 소개되며, 세례를 받기 전에는 집중적으로 교리문답 공부를 가르치도록 되어 있다. 유치원이 주로 후터라이트 아이들로 하여금 자기가 속한 전체 그룹에 관심을 가지도록 집중하는 반면, 독일어 학교와 주일학교는 전통적인 후터라이트 신앙이 아이들의 삶에 스며들도록 공식적인 종교적 가르침에 집중한다.[7]

도제실습(Apprenticeship)

후터라이트 교육의 또 다른 측면 중 하나는, 실제적이고 직업 중심의 기능을 담당하는 도제실습이다. 대략 공교육을 끝마칠 즈음인 15세가 되면, 남녀 아이들은 어른들이 하는 일이 구체적으로 무엇인지 배워야 한다. 이전까지 아이들은 어른들과 따로 먹고, 하루의 대부분을 학교에서 보냄으로써 자기가 속한 그룹에서 특별한 대우를 받았다. 그러나 이때부터 이들은 어른들과 함께 식사를 하며, 남자 아이들은 다양한 컬러니의 기업을 위해 도제실습을 하도록 안내된다. 그들은 우선 한 가지를 먼저 배우고, 컬러니 농장의 운영을 배우기 위해 다음 것으로 넘어간다. 한편 소녀들은 부엌과 정원 및 빨래 등의 일을 돕게 된다.

간단한 조사를 통해 알 수 있듯이, 후터라이트 교육이 젊은 사람들로 하여금 공동체의 선을 위해 기꺼이 일하고 헌신하는 공동체 정신을 가진 사람으로 자라도록 철저하게 경험시킨다는 점이다.

후터라이트들과 공교육

1918년에 후터라이트들이 캐나다에 도착하였을 때, 그들은 기존의 학교법을 받아들여 교육세를 지불했고, 아이들을 공립학교에 보냈다. 비록 학교의 세속적인 방향과 가치에 대해 제한을 두었고, 마치 공립학교가 후터라이트들을 더 큰 캐나다 사회에 동화시키고자 하는 것이라 이해하였지만, 후터라이트들은 주어진 제도들을 반대하지 않았다. 그러나 후터라이트들은 자녀들이 열다섯 살에서 열여섯 살에 이르는 나이기 되면 즉시 학교를 그만두게 하였고, 컬러니 밖의 학교에 아이들을 보내기를 거절하였다.

매니토바 주의 후터라이트들은 기존의 시골 학교가 그들의 인구를 수용할 수 없는 새로운 지역을 찾아 정착하였다. 그리하여 교육부는 자격을 갖춘 영어 선생님들을 고용하여 여러 다른 컬러니들로 이루어진 새로운 학교 구역을 만들었다. 현재 후터라이트 학교들과 교사들은 이러한 지역에 위치해 있어 특별한 후원을 받고 있으며 후터라이트들은 이에 부응하는 교육 세금을 내고 있다.

비록 공립학교의 행정이 좀 더 큰 학교들에 의해 더 일찍 시작되긴 했지만, 앨버타와 서스캐처원 주의 경우도 이와 비슷한 형태로 학교가 운영되고 있다. 1927년, 자신의 아이들을 공동체 밖의 학교에 보내기 원하지 않았던 핀쳐 크릭 앨버타 컬러니(Pincher Creek Alberta colony)는 통합학교로 운영되는 지역에 있는 자신들의 땅을 포기하고 자신들의 학교를 세웠다. 이러한 것이 반대에 부딪히자, 결국 후터라이트들은 지역 행정에 좀 더 적극적으로 관여하고, 단일 지역을 위한 모임에 참여해 자신들의 학교를 운영하는 것보다 더 나은 관계를 만들어내기도 하였다.

공교육의 개념을 환영하지는 않지만 후터라이트들은 주 정부가 제시하는 학습 프로그램을 따르고 이를 받아들인다. 이에 따라 정부는 후터라이트들이 운영하는 학교의 교육 기준을 조금 더 상향 조정하는 모습을 보임으로써 후터라이트 컬러니의 생활을 존중해 주고자 했다. 매니토바와 남부 다코타에 있는 많은 후터라이트 컬러니들이 자신들의 컬러니 내에 위치한 학교에서 자체적으로 아이들을 가르치고 있다. 이러한 방식의 학교가 여러 교회 리더들에 의해 지지를 받고 있지만, 대학에서 교사가 되기 위한 교육을 받는 것을 후터라이트 학생들이 꺼려하기 때문에 폭넓게 확산되지 않고 있다.[8]

캐나다 후터라이트의 농업 경제

농업이 캐나다 후터라이트들의 삶의 방식이 되긴 했지만, 이러한 것이 모든 공동체들에게서 행해진 것은 아니었다. 모라비아에 있었던 초기의 자급자족 공동체는 대부분의 컬러니들이 갖고 있는 기본 이념이었으며, 농업은 여러 경제적 활동 중의 하나에 불과했다. 16세기의 후터라이트들은 거의 모든 공예품을 만들어 내었다. 예를 들어, 도자기공들은 그 전문성에서 명성을 떨치기도 했다. 그러나 후터라이트들이 러시아로 이주하였을 때, 농업은 그 어떤 다른 공예품을 만드는 것보다 중요한 산업이 되었다. 그 이유는 러시아에는 땅은 많았지만 공예품 생산을 뒷받침해줄 만한 시장과 재원이 없었기 때문이었다. 후터라이트들이 북미로 이주하게 되었을 때, 그들은 자신들의 도구 및 집의 가구를 만드는 것 외에 대부분의 공예품 만들기를 중단한 상태였다. 이제 그들은 완전히 농업에만 종사하게 되었다. 캐나다 대평원으로의 이주는 이러한 경향을 더욱 강화시켰다. 현재는 엄청난 전문 기술과 더불어 농업이 그들의 주된 생활 방식이 되었다. 그러나 이러한 것은 정부가 토지에 대한 할당제를 실시하면서 변화하기 시작했고, 이러한 제한을 받은 새로운 컬러니들은 제조업을 개발하기 시작하였다. 이러한 변화의 예로 매니토바 주의 크리스탈 스프링 컬러니(Crystal Spring Colony)를 들 수 있는데, 이들은 다른 컬러니들이 필요로 하는 돼지 농사 장비를 생산해 내고 있다.

후터라이트들의 농업은 가축과 작물 생산을 근간으로 하고 있는 대규모 복합 농업으로 표현하는 것이 가장 좋을 것이다. 그들의 농업은 작물 생산(밀, 귀리 및 보리가 주요 작물임.)을 비롯해 돼지, 육류를 위한 소, 우유를 위한 소, 계란, 영계, 칠면조, 거위 및 양봉 등 다채로운 모습으로 운영되고 있다.

각 컬러니가 위치해 있는 지역, 토양, 적합성 및 노동력에 따라 어떤 종류의 농업을 경영할 것인지 그 강조점이 다르다. 한편, 컬러니들은 그들의 결정에 따라 현금 수입을 창출하든지, 아니면 자급자

돼지 축사와 공장. 오래된 축사는 1951년에 지어진 것이며, 새로운 것은 1982년에 지어진 것이다.

족할 수 있는 식량 생산 및 가축을 직접 먹이고 새끼를 치게 하는 방법으로 가능한 한 컬러니의 비용지출을 줄이는 방식을 채택하고 있다. 또한 후터라이트들은 자신들이 필요한 도구들과 집에 필요한 물건들을 직접 만들어 쓰는 것을 고집하고 있다. 그들은 자신들의 건물을 모두 직접 지으며 가구와 어떤 필요한 도구들, 농사에 필요한 자재들, 더 나아가 자신들이 갖고 있는 기계의 수리 및 유지관리를 직접하고 있다.

복합 농업은 후터라이트들이 자신들이 갖고 있는 엄청난 노동

콤바인들

들판으로 나갈 준비를 끝낸 콤바인들

곡물 저장소(뒤). 컬러니가 제조한 돼지 축사 장비들(앞)

제조 공장 내의 전단기

력을 최대한 이용하는 방식으로 이루어지고 있다. 이상적인 컬러니들은 곡물 생산과 다른 기업 간에 균형을 유지하려고 시도함으로써 한 기업 품목의 가격이 하락해서 컬러니가 어려움에 처하지 않도록 노력하고 있다.[9]

현재 후터라이트 농업에 영향을 미치고 있는 또 한 가지 중요한 요소는 어느 정도 기계화를 이루는가 하는 것이다. 제한된 토지 면적을 가지고 크게 성장하는 컬러니를 부양하고 자신들의 삶을 유지해 나가기 위해, 후터라이트들은 노동력을 줄이는 장비들과 현대 기술을 받아들여야만 했다. 지난 10여 년간 후터라이트들은 적은 면적의 토지에서도 기계화를 통해 효율적인 농업을 경영할 수 있도록 변화를 추구하고 있다. 그러나 후터라이트 농업을 위한 이러한 기계화 및 현대화는 그들의 종교적인 공동생활 양식에 영향을 미치는 것 같지는 않다.

후터라이트 농업의 기계화는 이미 북미에서의 전형적인 유형을 따르고 있는데, 일반적으로 다음의 세 가지 단계를 따르고 있다. 첫째 단계는 1920년대와 1930년대에 캐나다에서 시작된 것으로, 말이 장비를 이끌어 가는 형태의 것이었다. 이것은 트랙터와 트럭으로 이미 대치되었다. 둘째 단계는 1940년대에 시작된 것으로서, 대부분의 오래된 장비들은 엄청난 노동력을 절감할 수 있는 동력 및 기계 장비로 대치되었다. 셋째 단계는 1950년대와 1960년대 후터라이트 컬러니들이 채택했던 전문화된 상비들로 유압식 분쇄기, 자동식 착유기, 건조기 등을 비롯한 최신식 작물 추수 장비들이 농업 필수품으로서 더 많은 노동력 절감을 가져왔다.[10]

1918년에 후터라이트들이 캐나다에 왔을 때, 매니토바의 컬러니들은 한 컬러니당 평균 2,000~3,000에이커의 땅을 소유했고, 앨버타의 컬러니들은 평균 1,000~2,000에이커를 소유할 수 있었다. 다른 특화된 작물들도 있었지만 대부분의 주(州)에서 생산되는 주요 작물들은 밀, 귀리, 보리였다. 어떤 컬러니들은 땅을 경작하기 위해 100마리나 되는 말들을 소유하기도 했는데, 말들을 위한 헛간이 컬러니에서 가장 큰 건물이 되었다. 열다섯 살 이상이 된 남자아이들은 한 조 혹은 두 조로 나뉘어 말들을 지키거나 돌보아야 했다. 이것은 말들에게 먹이를 주고, 빗질을 해주며, 마구간을 청소해 주기 위해 아침 6시에 일어나야 한다는 의미이다. 네 마리로 된 한 조의 말들이 하루에 20에이커 넓이의 땅에 파종하고 40에이커의 땅을 써레질할 수 있었다. 봄철에 한 컬러니가 네 개의 파종기와 여섯 개의 써레를 운용할 수 있었다. 비록 어떤 컬러니들은 1950년대까지 말을 이용하기도 하였지만, 1920년대와 1930년대에 이르러 농사에 사용되던 말들은 서서히 증기식 트랙터로 바뀌었다가 후에는 디젤 혹은 휘발유식 트랙터로 대치되었다. 이 기간 동안 컬러니들은 그들의 소유를 점점 늘려갔는데, 매니토바 주의 컬러니들은 한 컬러니당 평균 3,000~4,000에이커의 땅을, 기후가 건조한 앨버타와 서스캐처원 주의 컬러니들은 좀 더 많은 땅이 필요하여 평균 8,000~12,000에이커의 땅을 소유할 수 있게 되었다. 이곳에서 소 농장은 아주 중요하였으며, 목초지를 위한 많은 땅이 필요하였다. 비록 땅이 경작에 적합하다 할지라도, 건조한 기후는 농사를 지을 수 없게 만들었고 여름에 노는 땅이 많았다.

1926년에 지어진 먹이 시설이 딸려 있는 말을 위한 헛간. 이 헛간은 1950년에 닭장으로 개조되었고 현재는 창고로 쓰이고 있다.

작물 생산(Crop Production)

캐나다 대평원으로 유명한 세 개의 주(州)에 있어서 밀, 귀리, 보리는 후터라이트 컬러니의 중요한 작물들인데, 특히 밀은 그중에서도 가장 중요한 작물이었다. 최근에는 평지(rape)와 아마(flax), 해바라기 등과 같은 새로운 작물들이 현금작물로 새로이 등장하게 되었다. 그러나 이러한 특수작물들을 심을 만큼 컬러니들이 충분한 땅을 소유하고 있지 않았기 때문에 이러한 작물들은 많이 심겨지지 않았다. 밀, 귀리, 보리는 가축들과 가금류들을 위해 아주 중요한 작물들이다. 후터라이트들은 이 세 종류의 작물을 생산하는 데 일반 농가들의 생산량을 훨씬 웃돌았고, 그들의 농토에서 이들 작물들이 차지하는 비중도 상당하였다.[11]

작물 생산은 농장 관리인의 지시에 따라 이루어졌으며 모든 컬러니의 경제에 가장 중요한 일이었다. 만약 전체 곡물의 현금 가치를 따지자면 가장 큰 수입원이 바로 작물 수입일 것이다. 컬러니들이 자신들이 지은 농산물로 생활할 수 있다는 사실은 정부가 시행하는 할당제의 근심에서 자유롭게 해주었다.

밀밭

자동탈곡기

콤바인

곡식을 쏟아내는 콤바인

곡식 건조기

곡식 저장소

돼지 산업(Hog Production)

캐나다에 정착했던 처음 시기 동안, 대부분의 컬러니들은 12m ×30m 크기의 작은 돼지 축사를 건설하였다. 암퇘지들은 대개 밀짚으로 된 돼지우리에서 겨울을 났다. 이러한 암퇘지들은 대개 일 년에 한 번, 봄철에 새끼를 낳았다. 돼지들은 대개 방목지와 연결되어 있는 우리 안에서 지낸다. 이러한 돼지들은 늦가을에 시장에 출하되는데, 가장 가까운 철도역으로 이동되어 도시의 가축 수용시설로 보내진다. 각 컬러니는 자체적으로 소비하기 위해 대개 12~24마리의 큰 돼지를 직접 도살한다.

좀 더 나은 축산시설들의 도입과 더불어 암퇘지들은 평균 두 번에서 두 번 반 정도 새끼를 배는데, 매니토바 주의 로즈데일 컬러니(Rosedale Colony)에서 1년에 두 번 새끼를 배는 방법이 소개되었다. 1950년에서 1960년대에는 돼지들을 위해 큰 헛간들이(18m×60m 크기) 지어졌고, 1968년의 돼지 생산은 매니토바에 있는 48개의 컬러니들 중 31개의 컬러니들을 위한 가장 큰 수입원이 되었다. 이 해에 후터라이트들이 생산한 돼지는 매니토바 주 전체 생산량의 15%를 차지하였다.[12] 앨버타와 서스캐처원 주에서 돼지 생산은 몇 개의 컬러니를 제외한다면 그다지 중요한 사업이 아니었다. 그러나 이러한 것은 최근 들어 서서히 변화를 맞이하게 되었고, 앨버타와 서

스캐처원의 많은 컬러니들이 돼지 생산에 관여하게 되었다.[13]

　　매니토바 주의 전체 돼지 출하량의 15%를 점유했던 1968년에 매니토바 주의 컬러니들은 평균 10마리의 종돈과 202마리의 암돼지, 그리고 1619마리의 시장 출하용 돼지를 갖고 있었다. 매니토바 주의 컬러니들은 좀 더 좋은 등급의 돼지 생산에 중점을 두었고, 교배를 위해 매니토바, 미네소타 및 아이오와 주로부터 혈통이 좋은 돼지를 들여왔다. 돼지를 위한 전형적인 설비로는 자동 먹이 공급 장치가 있는 돼지우리(9m×105m), 암돼지를 위한 건조한 돼지우리, 새끼들을 위한 돼지우리 및 젖 뗀 돼지들을 위한 우리가 필요했다. 이 돼지우리의 크기는 모두 9m×52m 정도이다. 이러한 돼지우리들은 대개 슬레이트로 지붕이 덮여 있고, 오물을 치울 수 있는 자동 청소장치가 되어 있다. 이 돼지우리에서 나오는 오물은 나중에 비료로 사용된다. 돼지 육성 사업이 큰 규모로 이루어지고 있는데도 불구하고, 단지 한 명 혹은 두 명의 전담 조수가 이를 관리한다.

소 산업(Cattle Production)

　　후터라이트들이 캐나다에 처음 정착했던 시기에 마구간 다음으로 큰 건물은 소 축사였다. 비록 그 숫자에는 상당한 차이가 있었지만, 모든 후터라이트 컬러니들은 소들을 키웠다. 20에서 30마리의 젖소들을 길렀는데, 젖을 짜는 일은 여성들 혹은 소녀들이 맡아서 일일이 손으로 젖을 짰고, 매년 식용을 위해 여러 마리의 소들이 도살되었다. 우유는 따로 관리되었고 컬러니를 위한 버터를 만드는 데 사용하는 것 외에 남는 유지(乳脂)는 지역 치즈공장에 팔았다. 지방을 제거한 탈지유는 치즈를 만드는 데 사용하였고, 남는 것은 어린 송아지나 돼지들에게 먹였다.

1940년대와 1950년대에는 젖 짜는 기계가 손으로 하는 노동력을 대신하게 되었으며, 낙농업을 위한 소 육성 산업의 규모가 증가하였다. 매니토바 주의 소떼들은 약간의 브라운종과 스위스 및 저지(Jersey)종들이 있기는 했지만 주로 홀스타인(Holstein)종으로 구성되었다. 모든 컬러니들에는 표준화된 축사들이 지어졌고, 40마리 이상의 젖소가 있는 컬러니들은 축산물 공장과 계약을 맺었다. 좀 더 작은 규모의 축산업을 경영하는 사람들은 제조업체들에게 우유와 크림을 직접 팔아야 했다.[14] 현재 어떤 컬러니들은 약 80마리의 젖소를 키우고 있으며, 훌륭한 축산업가에 주어지는 트로피를 받기도 한다. 이 트로피는 소 한 마리당 매일 60파운드 이상 소를 비육하는 축산업자에게 주어진다.

매니토바 주의 일부 공동체가 소고기를 생산하고 있기는 하지만 후터라이트들이 경영하는 소고기 산업은 대체로 앨버타와 서스캐처원 주에 집중되어 있다. 앨버타와 서스캐처원 주의 목장과 초지 방목은 곡물 생산 다음으로 최고의 수입원이 되고 있다. 앨버타의 기후는 겨울 가축들에게 상대적으로 온화한 편이며, 인접한 땅들은 방목에 좋은 조건이 되고 있다. 특수화된 소고기 생산으로 공동체를 위해 좋은 수입원을 제공하는 것 외에, 이러한 산업은 공동체 자체 내에 쇠고기를 제공해 준다는 측면에서 아주 훌륭한 산업이 되고 있다.

양계 산업(Chicken Production)

후터라이트들의 양계 산업은 구이용 닭고기 생산으로도 유명하지만, 주로 계란 생산을 목적으로 한다. 처음에 양계 산업은 7.2m×18m 정도 되는 닭장에서 몇 백 마리에서 천 마리 내외에 달하는 작은 규모로 이루어졌다. 대개 봄철에 병아리들을 들여와 각 가정에 몇 십 마리씩 분배하여 집 근처나 뜰의 조그만 닭장에서 기른다. 이 병아리들이 크게 자라면 가을에는 큰 닭장으로 옮긴다. 닭들은 대개 부활절 무렵부터 알을 낳기 시작하는데, 알을 낳으면 관리자가 장갑이나 모자에 한가득 달걀을 담아 아주 자랑스럽게 닭들에게 계란을 보여주곤 한다. 1940년대에 닭 모이 및 조명을 통제하는 신기술이 소개된 이후, 계란 생산이 일 년 내내 가능하게 되었다. 1950년대에 들어서면서 어떤 컬러니들은 매주 40~80번씩 계란을 팔기도 했고, 좀 더 큰 규모의 닭장(90m×12m)이 일반화되었다. 1968년 매니토바의 컬러니들은 506,000마리의 닭을 육성하게 되었는데, 이는 매니토바 양계의 총 17.9%에 해당하는 것이었다.[15] 현재 컬러니들은 평균 12,000마리의 닭을 키우고 있으며, 더 큰 양계장은 35,000마리의 닭을 소유하고 있다. 그러나 앨버타와 서스캐처원 주의 컬러니들은 이보다 적은 5,000~8,000마리의 양계를 소유하고 있는 것으로 조사되었다. 한편 1970년대에 들어서면서 계란 생산이 할당 체제로 바뀌면서 양계 산업에 어려움이 생겨났고, 양계 산업을 하고자 했던 새로운 컬러니들이 어려움을 겪게 되었다. 따라서 양계 산업은 달걀을 모으는 두 명의 소년들의 도움을 받아 일하는 한 명의 전담자만 있으면 충분하게 되었다. 그러나 약 25,000마리의 닭이 있는 좀 더 큰 양계장은 겨울 동안에도 4명 정도의 인원이 필요했다. 여름 동안에는 좀 나이든 소년들이 달걀 모으는 데 도움을 준다. 이렇게 적은 인력으로 운영되는 것은 양계 산업이 거의 자동화되어 있기 때문에 가능한 일이다. 양계장에 필요한 것은 알을 품는 양계장, 알을 낳는 양계장, 그리고 달걀을 모으고 검사하는 곳이면 충분하다.

　　알을 낳기 시작한 지 1년이 지난 암탉들은 산 채로 닭공장에 팔거나 컬러니 내의 도살장에서 잡아서 시장에 직접 내다 판다. 이러한 일은 대개 1년에 두 차례 정도 시행되며, 남는 것은 모두 냉장고에 저장한다. 양계 산업은 대부분의 컬러니에게 둘째 혹은 셋째로 많은 수입원이 되고 있으며, 이러한 수입은 대개 달걀 생산을 통해 이뤄진다.

거위와 오리 산업(Goose and Duck Production)

대부분의 후터라이트 컬러니들은 전통적으로 거위나 오리 혹은 두 종류의 산업을 병행해 왔다. 그 규모가 크지 않다면 이들은 대개 같은 사람이 관리한다.

실제로 거의 모든 컬러니들은 일 년 내내 거위들을 키운다. 1950년대까지, 거위 알 부화는 공동체의 중요한 행사로 자리했었다. 거위가 알을 낳기 전에(대개는 이른 봄), 모든 가족들에게 알을 부화시키기 위해 몇 마리의 거위들을 나눠준다. 거위 새끼들이 알에서 깨어나면 그들은 각 가정 근처에 있는 작은 창고에서 길러진다. 겨울 내내, 각 가정은 빵 부스러기와 빵 껍질을 잘 모아두었다가 어린 거위 새끼들이 나오면 물을 묻혀서 먹이로 주곤 한다. 이러한 부화기간이 끝나면, 어린 거위새끼들은 가을까지 거위 산업을 담당하는 사람에게 넘겨지고, 가을에 모두 도살된다.

인큐베이터가 소개된 1940년대 후반부터는, 가족들이 담당했던 거위 알 부화는 거위 담당자가 일임하게 되었다. 이러한 혁신은 컬러니들의 거위 산업을 진일보하게 만들었고, 1950년대와 1960년대에 어떤 컬러니들은 10,000마리의 거위를 보유하기도 했다. 각 컬러니들은 거위를 잡아 양념하여 포장업자들에게 팔기도 했다. 그러나 1970년대부터 가정에서 가금을 도살하지 못하도록 정부가 규제했는데, 이때부터 후터라이트들이 거위 처리 공장시설을 도입하게 되었다. 1968년에 매니토바 주의 후터라이트 거위 산업은 121,500마리에 달하였는데, 이는 매니토바 내에서 팔렸던 거위의 95%에 해당하였다. 1981년에는 이러한 수치가 300,000마리로 늘어났다. 앨버타와 서스캐처원 주의 컬러니들은 한 컬러니당 1,000마리로 아주 소규모였다. 그리고 이들의 거위 산업은 주로 깃털을 얻기 위함이었고, 대부분 지역에서 모두 소모할 만한 양이었다. 후터라이트들은 1968년 매니토바주의 60%나 되는 오리를 공급할 만큼 오리 산업의 주된 생산업자들이기도 했다.[16]

칠면조 산업(Turkey Production)

후터라이트 컬러니들은 오리와 거위 생산과 마찬가지로 칠면조 산업에서도 매니토바 주의 주된 생산업자들이었다.(1968년 20%를 점유함.)[17] 그러나 칠면조 산업은 대부분의 컬러니들이 관여한 것은 아니었다. 거위와 마찬가지로 칠면조들도 컬러니 내에서 도살할 수 없었다. 그래서 칠면조는 모두 포장 공장으로 산 채로 이송해야 했다. 칠면조 산업은 대개 한 명의 조수를 거느린 칠면조 전문가가 담당하였다. 이 부문에도 계란 산업처럼 할당량이 주어졌고, 그리하여 칠면조 산업은 크게 성장하지 못하였다.

출하를 앞둔 닭들

성장한 칠면조들

거위들

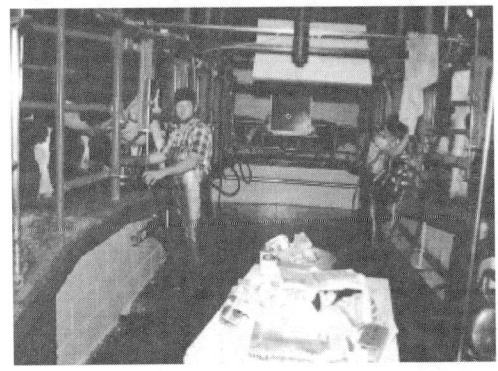

착유소

양봉업(Honey Production)

대부분의 후터라이트 컬러니들에게 양봉은 큰 수입원이 되지는 않았다. 대부분의 컬러니들은 겨울 동안 돈을 절약하기 위해 50~300통 정도의 꿀벌 통을 지하실에 두었다가 봄에 다시 내놓았다.

거위들

부화장

현재 모든 컬러니들은 더 많은 벌집을 만드는 미국 남부지역의 꿀벌들을 가져다가 기른다. 그러나 매니토바 주의 한 컬러니는 약 1,300개가 넘는 꿀통의 벌들을 소유하고 있다. 그 컬러니 지역에서 꿀벌들을 먹이기에 충분한 꽃들이 없으므로, 그들은 여러 지역으로 벌들을 나누어 두기도 한다. 이러한 꿀 생산업자들은 대략 20리터의 꿀통이나 175리터의 큰 드럼통에 넣어서 온타리오나 미국의 꿀 시장으로 내간다. 소규모 양봉업자들은 지역 내에서 꿀을 소비한다. 일반적으로 벌통 하나에서 평균 200파운드(93kg) 정도의 꿀을 생산한다. 아주 작은 규모의 양봉은 한 사람이 경영하며, 어떤 컬러니에서는 목사가 직접 관장하기도 한다.

후터라이트 농업 생산의 중요성

　캐나다에 있는 후터라이트들의 농업에서 가장 중요한 산업은 곡물, 소, 돼지, 닭이지만, 주마다 약간의 차이를 보이기도 한다. 이 모든 산업은 후터라이트들에게 매우 중요한 산업들로서, 각 주의 다른 농부들보다 훌륭한 생산물을 만들어내는 부러움의 대상이기도 하다. 그들은 다른 대부분의 농부들이 할 수 없는 자신들만의 인적·물적 자원들을 최대한으로 사용하여 같은 면적의 땅에서 좀 더 많은 것들을 생산해 내고 있다.

캐나다, 특히 서부 캐나다 지역의 농업에 대한 후터라이트들의 기여는, 그들의 인구와 소유한 땅, 그리고 기대되었던 것에 비해 월등히 높은 것으로 나타났다. 캐나다의 중부로부터 시작되는 대평원의 세 개 주에 살고 있는 후터라이트들은 채 1%도 되지 않는 땅을 소유하고 있지만 그들이 경영하는 모든 분야의 산출 결과는 이보다도 훨씬 높은 비율을 차지하고 있다.

거위 새끼들

Part I

1) A.J.F. Zieglschmid, *Die Älteste Chronik der Hutterischen Brüder.*(Philadelphia: Carl Schurz Memorial Foundation, 1943), p. 69.
2) John A. Hostetler, *Hutterite Society.*(Baltimore: John Hopkins University Press, 1974), p. 24.
3) *Ibid.*, p.43
4) *Ibid.*, p.64
5) A.J.F. Zieglschmid, *Das Klein Geschichtsbuch der Hutterischen Brüder.*(Philadelphia Carl Schurz Memorial Foundation, 1947), p. 242.
6) *Ibid.*, p.295
7) *Ibid.*, p.423~424.
8) Hostetler, *op. cit.*, p.110.
9) *Ibid.*, p.133.
10) David Flint, T*he Hutterites, A Study in Prejudice.*(Toronto: Oxford University Press, 1975), p. 111.
11) John W Bennett, *Hutterian Brethren.*(Stanford: Stanford University Press, 1967), p. 56.
12) *Ibid.*
13) Flint, *op. cit.*, p. 114~115.
14) Victor Peters, *All Things Common.*(Minneapolis: University of Minnesota Press, 1965).
15) Flint, *op. cit.*, p. 116.
16) *Ibid.*, p. 116.

Part II

1) John Hostetler and Gertrude Huntington, *The Hutterites in North America.*(Toronto:Holt, Rinehart and Winston, 1967), pp.12-18
2) John Ryan, *The Agricultural Economy of Manitoba Hutterite Colonies.*(Toronto: McClelland and Stewar, 1997), p.27.
3) Interview with Jacob Kleinsasser and Mike Maendel, 1981.
4) Ryan, *op. cit.*, pp.30-32.
5) John Hostetler, *op. cit.*, p.28.
6) David Flint, *The Hutterites: A Study in Prejudice.* (Tronto: Oxford University Press, 1975), p.52.
7) Victor Peters, *All Things Common.*(Minneapolis: University of Minnesota Press, 1965).
8) Interview with Jacob Kleinsasser, 1981.
9) John W. Bennett, *Hutterian Brethren.*(Stanford: Stanford University Press, 1967).
10) *Ibid.*, p.160.
11) Ryan, *op. cit.*, pp.120-127.
12) *Ibid.*, p.157.
13) Interview with Jacob Kleinsasser, 1981.
14) Ryan, *op. cit.*, p.149.
15) *Ibid.*, p.168.
16) *Ibid.*, p.205.
17) *Ibid.*, p.187.

교사들을 위한 참고 서적

1. Bender, Harold S. and Smith, Henry C., ed. *The Mennonite Encyclopedia*. Scottdale, Pennsylvania: The Mennonite Publishing House, 1956.

이 메노나이트 백과사전은 총 다섯 권으로 되어 있으며, 아나뱁티스트·메노나이트 신앙운동에 대한 포괄적인 내용을 담고 있다.

2. Bennett, John W. *Hutterian Brethren*. Stanford Stanford University Press, 1967. 280 pp.

짧지만 후터라이트 역사를 소개한 후, 후터라이트 농업 경제와 기관에 대해 다루고 있다.

3. Blanke, Fritz. *Brothers in Christ*. Scottdale, Pennsylvania: Herald Press, 1961. 72 pp.

이 책은 1525년, 취리히에서 일어난 재세례신앙운동의 시작에 대해 집중 조명하고 있다.

4. Braght, Thieleman J. von. *Martyrs Mirror*. Scottdale, Pennsylvania: Mennonite Publishing House, 1837. 1,157 pp.

1세기부터 16세기에 이르기까지 순교한 크리스천 순교자들에 대한 기록이다.

5. Dyck, Cornelius J. *An Introduction to Mennonite History.* Scottdale, Pennsylvania   Herald Press, 1967. 320 pp.

아나뱁티스트·메노나이트 운동의 기원에 있어서 가장 폭넓게 읽히는 역사책이다. 고등학교와 대학교에서 교재로 많이 사용되고 있다.

6. Friedmann, Robert. *Hutterite Studies.* Goshen, Indiana: Mennonite Historical Society, 1961. 338 pp.

후터라이트 역사에 대한 짧은 설명과 함께, 유명한 후터라이트 리더들 중 몇 사람에 대한 전기, 후터라이트의 교리, 그들의 생활방식, 그들의 기록들에 대해 소개하고 있다.

7. Gross, Paul S. *The Hutterite Way.* Saskatoon, Saskatchewan: Freeman Publishing Company, Ltd., 1965. 204 pp.

후터라이트의 기원에 대한 짧은 설명과 함께, 그들의 생활방식, 언어,   음식, 의복, 가족 이름 등을 많은 화보와 함께 집중 조명하고 있다.

8. Flint, David. *The Hutterites A Study in Prejudice.* Toronto, Ontario: Oxford University Press, 1975. 180 pp.

후터라이트에 대한 비교적 최근의 책으로, 사진 자료와 더불어 후터라이트들의 생활양식, 그들의 이주역사, 기술과학 시대에 있어서 그들의 삶의 모습을 조명하고 있다.

9. Horsch, John. *The Hutterian Brethren*. Goshen, Indiana. Mennonite Historical Society, 1931. 168 pp.

지난 400년 동안의 후터라이트 형제단을 역사적으로 살펴본 책이다. 그들의 순교와 충성스러운 삶에 대해 기술하고 있다.

10. Hostetler, John A. *Hutterite Society*. Baltimore; John Hopkins University Press, 1974. 403 pp.

북미 역사상 가장 오래되고 가장 큰 공동사회를 이루고 있는 후터라이트에 대한 종합적이면서 흥미로운 책이다. 처음 136페이지는 역사를 전반적으로 다루고 있다. 아마도 현재까지 후터라이트에 대해 폭넓은 주제를 가장 완벽하게 다루고 있는 책이다.

11. Hostetler, John A. *Hutterite Life*. Scottdale, Pennsylvania: Herald Press, 1965. 40 pp.

사진 자료와 함께 공동체로 생활하고 있는 후터라이트들을 아주 간단하게 소개하고 있다. 청소년을 위한 책으로도 추천할 만하다. 『후터라이트 사람들, 그 삶의 이야기』라는 제목으로 한국 아나뱁티스트 출판사에서 출간한 책이기도 하다.

12. Hostetler, John A. *Mennonite Life*. Scottdale, Pennsylvania: Herald Press, 1965. 39 pp.

위의 『후터라이트 사람들, 그 삶의 이야기』와 유사한 책이다. 메노나이트들을 아주 간단하게 소개하고 있다. 메노나이트들은 어떤 사람들이며 무엇을 믿는지 소개되어 있다. 청소년을 위한 책으로 추천할 만하다.

13. Hostetler, John A. *Amish Life*. Scottdale, Pennsylvania: Herald Press, 1965. 39 pp.

사진 자료와 함께 가장 흥미로운 그룹 중 하나인 아미쉬들에 대해 간단하게 소개하고 있는 책이다. 청소년을 위한 책으로 추천할 만하다.

14. Hostetler, John A., and Huntington, Gertrude Enders. *The Hutterites in North America*. Toronto, Ontario: Holt, Rinehart and Winston, Inc., 1967. 115 pp.

북미 후터라이트들의 세계관, 공동체 생활의 유형, 경제활동, 사회화 및 가족유형 등에 대해 소개하고 있다.

15. *The Mennonite Quarterly Review*. 일 년에 4번 발행하는 메노나이트 정기 간행물이다. 종종 후터라이트에 대한 논문들이 소개되기도 하며, 대부분 메노나이트 대학에 소장되어 있다.

16. Peters, Victor. *All Things Common*. Minneapolis: University of Minnesota Press, 1965.

저자인 피터는 후터라이트들의 역사적 발전과정을 추적하고 있으며, 매니토바 주의 컬러니들을 중심으로 그들의 생활방식을 구체적으로 소개하고 있다.

17. Riedemann, Peter. *Confession of Faith*. Herald Press Scottdale, Pennsylvania

피터 리드만(Peter Riedemann)의 "*Rechenschaft*"를 번역한 책으로, 현재 후터라이트들에 의해 사용되고 있는 신앙고백서이다. 후터라이트들의 교리가 담겨져 있다.

18. Riley, Marvin P. *The Hutterite Brethren*. 188 pp.

남부 다코타에 있는 후터라이트 컬러니들에 대한 특별한 참고도서로 후터라이트의 작품들을 설명하고 있는 서지목록이다.

19. Riley, Marvin P. and Johnson, Darryll. *South Dakota Hutterite Colonies, 1876~1969*. Brookings, South Dakota: Agricultural Experimental South Dakota University, 1970.

남부 다코타에 있는 후터라이트 농장들에 대한 통계 조사로 후터라이트 농업 관련 사업들을 요약 정리해 놓았다.

20. Ryan, John. *The Agricultural Economy of Manitoba*

Hutterite Colonies. Toronto, Ontario: McClelland & Stewart, 1977.

매니토바 주의 후터라이트 농업에 대한 연구보고서이다.

21. Waltner, Emil J. *Banished for Faith*. Freeman, South Dakota: Pine Hill Press, 1968. 215 pp.

제1부에는 요하네스 발트너(Johannes Waldner)에 의해 쓰인 "*Kleingeschichtsbuch der Hutterischen Brüder*"가 번역 소개 되어 있고, 제2부에는 "후터스(Hutters)"들과 "스위처스(Switzers)" 라는 두 메노나이트 그룹들의 이주에 대한 기록이 소개되어 있다.

22. Zieglschmid, A.J.F. *Die älteste Chronik der Hutterischen Brüder*. Philadelphia, Pennsylvania:Carl Schurz Memorial Foundation, 1943.

가장 오래된 후터라이트 역사책은 황금기라 불리는 기간 동안 캐스퍼 브라이미셀(Casper Braitmichel)에 의해 쓰여졌다. 후터라이트 초기부터 1665년까지의 역사를 기술해 놓은 책이다. 독일어로 기록되어 있다.

23. Zieglschmid, A.J.F., *Des Klein Geschichtsbuch der Hutterischen Brüder*. Philadelphia, Pennsylvania: Carl Schurz Memorial Foundation, 1947.

요하네스 발트너(Johannes Waldner)에 의해 1793년에 쓰인 책으로 후터라이트 역사에 있어서 두 번째로 오래된 책이다. 독일어와 영어판이 있다.

24. Wolkan, Rudolf, *Geschicht Buch der Hutterischen Brüder.*

가장 오래된 후터라이트 역사책은 황금기라 불리는 기간 동안 캐스퍼 브라이미셀에 의해 기록되었다. 후터라이트 초기부터 1665년까지 역사를 기술해 놓은 책이다. 영어판은 제임스 밸리 서점에 비치되어 있다.

학생들을 위해 추천할 만한 자료들

1. Lecomte Eva. *Paula the Waldensian.* 175 pp.

프랑스에 살고 있는 한 가족과 어린 소녀에 대한 이야기책이다. 역사 소설로 12세 이상에게 추천할 만하다.

2. Hofer, Arnold M. *The History of the Hutterite Mennonites 1874~1974.*

초기 미국 후터라이트 건물과 리더들에 대한 사진이 많이 들어 있으며, 다코타 후터라이트들의 백년 역사를 살펴보기 위해 출판된 책이다. 9세 이상에게 추천할 만하다.

3. Kaufman, *Christmas Carol. Not Regina.* Aylmer, Ontario: Pathway Publishing Corporation, 1954. 232 pp.

초기 재세례신자들의 신앙과 용기에 대한 책으로, 한 10대 소녀에 대한 이야기책이다. 배경은 1500년대 스위스이며 13세 이상에게 추천할 만하다.

4. Kaufman, *Christmas Carol. Search to Belong.* Scottdale, Pennsylvania: Herald Press, 1963. 346 pp.

입양된 아이가 겪는 이야기 소설이다. 13세 이상에게 추천할 만하다.

5. Kaufman, *Christmas Carol. Lucy Winchester.* Scottdale, Pennsylvania: Herald Press, 1969. 512 pp.

청소년기, 가슴 아픈 사연들, 눈물과 결혼의 기쁨 등을 통해 하나님을 찾는 루시라는 주인공에 대한 이야기로 실화이다. 13세 이상에게 추천할 만하다.

6. Kaufman, *Christmas Carol. Hidden Rainbow.* Scottdale, Pennsylvania: Herald Press, 1957. 379 pp.

유고슬라비아의 조용한 마을에서 일어났던 금지된 신약성경에 관한 실화로 14세 이상에게 추천할 만하다.

7. Kaulman, *Christmas Carol. One Boy's Battle.* Aylmer, Ontario: Pathway Publishing Corporation, 1971. 186 pp.

군에 입대했다가 후에 그리스도를 영접한 고집 센 소년에 대한 이야기로, 개인 일기 형식을 띠고 있다. 14세 이상에게 추천할 만하다.

8. Kingsley, Florence M. Titus, *A Comrade of the Cross.* Aylmer, Ontario: Pathway Publishing Corporation, 1966. 270 pp.

예수의 시대에 살았던 한 사람의 경험을 이야기로 꾸민 책이다. 12세 이상에게 추천할 만하다.

9. Lee, Albert. *Thrilling Escapes by Night.* Crochet,

Kentucky: Rod and Staff Publishers, 1968. 296 pp.

목숨을 걸고 성경을 영어로 번역한 윌리엄 틴데일(William Tyndale)과 여러 사람들의 삶에 대한 책이다. 12세 이상에게 추천할 만하다.

10. Ludwig, Charles. *Levi Coffin and the Underground Railroad.* Scottdale, Pennsylvania: Herald Press, 1975. 176 pp.

이 책은 레비 코핀(Levi Coffin)이 어떻게 미국 흑인 노예들을 해방시켜 주었는가에 대해 기록해 놓은 이야기책이다. 12세 이상에게 추천할 만하다.

11. Luyken, Jan. *Drama of the Martyrs.* Lancaster, Pennsylvania: Mennonite Historical Association, 1975. 141 pp.

십자가에 달려 돌아가신 예수 그리스도의 그림과 1685년까지 순교 당한 사람들에 대한 그림과 설명이 실려 있다. 모든 사람이 읽을 수 있다.

12. Popov, Haralan. *Tortured for His Faith.* Grand Rapids, Michigan: Zondervan Publishing House, 1970. 140 pp.

공산주의 치하에서 13년 동안 고문을 당하고 감옥생활을 한 어느 목사에 대한 이야기이다. 13세 이상에게 추천할만하다.

13. Quiring, Walter, and Bartel, Helen. *In the Fullness of Time*. 210 pp.

150년 간 러시아에서 살았던 메노나이트와 후터라이트들의 생활을 보여주는 그림책이다. 모든 사람이 읽을 수 있다.

14. Ruth, John I. *Conrad Grebel-Son of Zurich*. Scottdale, Pennsylvania: Herald Press, 1975. 156 pp.

별로 공부를 열심히 하지 않았던 부랑아에서 츠빙글리의 제자가 되었다가 결국은 재세례신앙운동을 시작하게 된 콘라드 그레벨(Conrad Grebel)에 대한 실제 이야기이다. 12세 이상에게 추천할 만하다.

15. Smucker, Barbara. *Henry's Red Sea*. Scottdale, Pennsylvania: Herald Press, 1955. 108 pp.

러시아 출신의 난민에 대한 이야기로, 그들이 처한 어려움과 도망에 얽힌 실화이다. 9세에서 14세의 아이들에게 추천할 만하다.

16. Stoll, Joseph. *Fire in the Zurich Hills*. Aylmer, Ontario: Pathway Publishing Corporation, 1973. 351 pp.

스위스 재세례신앙운동 초기에 대한 이야기로 역사적 실화이다. 13세 이상에게 추천할 만하다.

17. Stoltzfus, Nicholas. *Worth Dying For*. Aylmer Ontario: Pathway Publishing Corporation.

고난과 어려움을 겪으면서도 그들의 믿음의 생활을 기뻐했던 왈덴시안들(Waldensians)에 대한 이야기이다. 13세 이상에게 추천할 만하다.

18. Vernon, Louise A. *A Heart Strangely Warmed*. Scottdale, Pennsylvania: Herald Press, 1974. 128 pp.

행상인의 아들이었던 로버트 업타운(Robert Uptown)이란 사람의 눈에 비친 복음주의자 존 웨슬리(John Wesley)에 대한 이야기이다. 9~14세의 아이들에게 추천할 만하다.

19. Vernon, Louise A. *Beggar's Bible*. Scottdale, Pennsylvania: Herald Press, 1971. 128 pp.

성경을 번역하여 가난한 사람들에게도 성경을 읽힐 수 있었던 존 위클리프(John Wyclif)에 대한 책이다. 9~14세의 아이들에게 추천할 만하다.

20. Vernon, Louise A. *The Bible Smuggler*. Scottdale, Pennsylvania: Herald Press, 1967. 138 pp.

윌리암 틴데일(William Tyndale)의 성경 번역, 출판 및 보급에 대한 이야기책이다. 9~14세의 아이들에게 추천할 만하다.

21. Vernon, Louise A. *Doctor in Rags*. Scottdale, Pennsylvania: Herald Press, 1973. 160 pp.

12세 소년에 대한 이야기로 그가 유명한 의사와 후터라이트들을 만나면서 겪은 일을 기록한 책이다. 9~14세의 아이들에게 추천할 만하다.

22. Vernon, Louise A. *Ink or, His Fingers*. Scottdale, Pennsylvania: Herald Press, 1967. 128 pp.

23. Vernon, Louise A. *Key to the Prison*. Scottdale, Pennsylvania: Herald Press. 144 pp.

퀘이커를 시작한 조지 폭스(George Fox)에 관한 책이다. 9~14세의 아이들에게 추천할 만하다.

24. Vernon, Louise A. *Night Preacher*. Scottdale, Pennsylvania: Herald Press. 134 pp.

가톨릭 사제였다가 1537년에 재세례신자가 된 메노 시몬스(Menno Simons)에 대한 책이다. 그의 이름을 따라 메노나이트란 이름이 생겨났다. 9~14세의 아이들에게 추천할 만하다.

25. Vernon, Louise A. *The Secret Church*. Scottdale, Pennsylvania: Herald Press. 128 pp.

종교개혁 기간 동안의 재세례신자들에 대한 이야기로 그들의 헌신, 용기 및 처했던 위험에 대해 소개되어 있다. 9~14세의 아이들에게 추천할 만하다.

26. Vernon, Louise A. *Thunderstorm in the Church*. Scottdale, Pennsylvania: Herald Press, 1974. 129 pp.

그의 아들 한스(Hans)가 본 마르틴 루터(Martin Luther)에 대한 책이다. 9~14세의 아이들에게 추천할 만하다.

27. Yoder, Joseph W. *Rosanna of the Amish*. Scottdale, Pennsylvania: Herald Press, 1973. 319 pp.

아일랜드계 가톨릭 신자의 갓난아이로 아미쉬들에 의해 키워진 로사나(Rosanna)에 대한 실화이다. 9~14세의 아이들에게 추천할 만하다.

부록 : 북미의 후터라이트 컬러니 목록

캐나다 매니토바 주의 컬러니들

	컬러니 이름	로이트(Leut)	설립연도
1.	Bon Homme	Schmiedeleut	1918
2.	Huron	Schmiedeleut	1918
3.	James Valley	Schmiedeleut	1918
4.	Maxwell	Schmiedeleut	1918
5.	Milltown	Schmiedeleut	1918
6.	Old Rosedale	Schmiedeleut	1918
7.	Iberville	Schmiedeleut	1919
8.	Barickman	Schmiedeleut	1920
9.	Blumengart	Schmiedeleut	1922
10.	Elm River	Schmiedeleut	1934
11.	Riverside	Schmiedeleut	1934
12.	Waldheim	Schmiedeleut	1934
13.	Poplar Point	Schmiedeleut	1938
14.	Sturgeon Creek	Schmiedeleut	1938
15.	Sunnyside	Schrniedeleut	1942

16. New Rosedale	Schmiedeleut	1944
17. Lakeside	Schmiedeleut	1946
18. Riverdale	ScFimiedeleut	1946
19. Rock Lake	Schmiedeleut	1947
20. Springfield	Schmiedeleut	1950
21. Oak Bluff	Schmiedeleut	1952
22. Crystal Spring	Schrniedeleut	1954
23. Greenwald	Sebmiedeleut	1955
24. Spring Valley	Scbmiedeleut	1956
25. Bloomfield	Schmiedeleut	1957
26. Rose Valley	Schmiedeleut	1957
27. Grand	Schmiedeleut	1958
28. Hillside	Schmiedeteut	1958
29. Brightshore	Schmiedeleuf	1959
30. Deerboine	Schmiedeleut	1959
31. Fairholrne	Schmiedeleut	1959
32. Clearwater	Schmiedeleut	1960
33. Homewood	Schmiedeleut	1960
34. Interlake	Schmiedeleut	1961

35. Pembina	Schmiedeleut	1961
36. Whiteshell	Schmiedeleut	1961
37, Parkview.	Schmiedeleut	1964
*38 Rainbow	Schmiedeleut	1964
39. Springhill	Schmiedeleut	1964
40. Glenway	Schmiecleleut	1965
41. Ridgeland	Schmiecleleut	1965
42. Miami	Schmiedeleut	1966
43. Oak Ridge	Schmiedeleut	1967
44. Hidden Valley	Schmiedeleut	1968
45. Riverbend	Schmiedeleut	1969
46. Suncrest	Schmiedeleut	1969
47. Wellwood	Schmiedeieut	1970
48, Woodland	Schmiedeieut	1971
49. Airport	Schniiedeieut	1972
50. Grass River	Schrniedeieut	1972
51. Marble Ridge	Schmiedeleut	1972
52. Mayfair	Schmiedeleut	1972
53. New Dale	Schmiedeleut	1972

54. Baker	Schrniedeieut	1973
55. Pine Creek	Schmiedeleut	1973
56. Plainview	Schmiedeleut	1973
57 Broad Valley	Schmiedeleut	1974
58. Cypress	Schmiedeleut	1975
59. Evergreen	Schmiedelettt	1975
60. Holmfield	Schmiedeleut	1975
61. Sprucewood	Schmiedeleut	1977
62. New Haven	Schmiedeleut	1977
63. Windy Bay	Schmiedeleut	1978
64 Souris River	SchmiedeleUt	1978
65. Decker	Schmledeleut .	1981
66. Sommerfeld	Schmiedeleut	1981
67. Maple Grove	Schmiedeleut	1981
68. Willow Creek	Schmiedeleut	1982
69. Treesbank	SchmledeleUt	1983
70. Valley View	Schmiedeleut	1986
71. Trileaf	Schmledeleut	1987
72. Clear View	Schmledeieut	1987

73	Delta	Schmiedeleut	1987
74.	Concord Colony	Schmiedeleut	1987
75.	Good Hope	Schmiedeleut	1988
76.	Coolspring	Schmiedeleut	1988
77.	Espenheim	Schmiedeleut	1988
78.	Vermillion	Schmiedeleut	1989
79.	Starlite	Scbmiedeleut	1991
80.	Green Acres	schmiedeleut	1991
81.	Wingham	schrnledeleut	1991
82.	West Rock	Schmiedeleut	1992
83	Shadylane	Schmiedeleut	1993
84.	Norquay	Schmledeleut	1993
85.	Keystone	Schrniedeleut	1993
86.	Skyview	Schmiedeleut	1993
87.	Millshof	Schmiedeleut	1994
88.	Prairie Blossom	Schmiedeieut	1994
89.	Odanah	Schmiedeleut	1995
90.	Fairway	Schmiedeleut	1995
91.	Netley	Schmiedeieut	1995

92. Cascade	Schmledeleut	1995
93. Brantwood	schmiedeleut	1995
94. Pineland	Schrniedeleut	1996
95. Heartland	schmiedeleut	1996
96. Twilight	Schmiedeleut	1997
97. Ridgeville	Schmiedeleut	1997
98. Kamsley	Schmiedeleut	1997
99. Boundry Lane	Schmiedeleut	1997
100. Silver Winds	Schmiedeleut	1998
101. Rosebank	Schmiedeleut	1998
102. Oak River	Schmiedeleut	1998
103. Northern Breeze	Schmiedeleut	1998
104. Blue Clay	Schmiedeleut	1998
105. Acadia	Schmiedeleut	2002
106. Little Creek	Schmiedeleut	Building
107. Rolling Acres	Schmiedeieut	Building
108. Wellwood(Farm)	Schmiedeleut	Building
109. Suncrest(Farm)	Schmiedeieut	Building

캐나다 서스캐처원 주의 컬러니들

컬러니 이름	로이트(Leut)	설립연도
1. Bench	Lchrerleut	1953
2. Cypress	Lelirerleut	1953
3. Leask	Dariusleut	1953
4. Tompkins	Lehrerleut	1954
5. Riverview	Dariusleut	1955
6. Spring Creek	Dariusleut	1956
7. Downie Lake	Dariusleur	1958
8. Estuary	Dariusleut	1958
9. Box Eider	Dariusleut	1960
10. West Bench	Dariusleut	1960
11. Hillsville	Dariusleut	1961
12. Simmie	Dariusleut	1961
13. Glidden	Lehrerleut	1963
14. Main Centre	Lehrerleut	1963
15. Waldeck	Lehrerleut	1963

16. Sand Lake	Lehrerleut	1964
17. Arm River	Dariusleut	1964
18. Hillcrest	Dariusleut	1964
19. Haven	Lehrerleut	1967
20. Baildon	Lebrerleut	1968
21. Smiley	Lehrerleut	1968
22. Huron	Lebrerleut	1969
23. Fort Pitt	Dariusleut	1969
24. Ponteix	Dariusleul	1970
25. Lakeview	Dariusleut	1970
26. Kyle	Lehrerleut	1970
27. Rosetown	Lehrerleut	1970
28. Abbey	Lehrerleut	1971
29. Clearspring	Lebrerleut	1971
30. Hodgeville	Dariusleut	1971
31. Quill Lake	Dariusleut	1975
32. Star City	Dariusleut	1977
33. Swift Current	Dariusleut	1978
34. Willow Park	Dariusleut	1979

35. Lajord	Dariusleut	1979
36. Beechy	Lehrerleut	1981
37. Dinsmore	Lehrerleut	1978
38. Golden View	Lehrerleut	1981
39. Vanguard	Lehrerleut	1980
40. Golden View	Lehrerleut	1981
41. Beechy	Lehrerleut	1981
42. Spring Water	Dariusleut	1982
43. Big Rose	Dariusleut	1984
44. Carmichael	Lehrerleut	1985
45. Rose Valley	Lehrerleut	1986
46. Wheatland	Lehrerleut	1987
47. Eatonia	Lehrerleut	1987
48. Starbrite	Lehrerleut	1989
49. Belle Plaine	Dariusleut	1990
50. Sunny Dale	Dariusleut	1990
51. Bone Creek	Lehrerleut	1991
52. Spring Lake	Dariusleut	1991
53. Springfield	Lehrerleut	1991

54. Butte	Lehrerleut	1991
55. Webb	Dariusleut	1993
56. Sovereign	Lehrerleut	1995
57. Riverbend	Dariusleut	1997
58. Ear View	Dariusleut	2002
59. Scott	Lehrerleut	2002
60. Garden Plane	Lehrerleut	Building
61. Pennant	Lehrerleut	
62. Valley Centre		

캐나다 앨버타 주의 컬러니들

컬러니 이름	로이트(Leut)	설립연도
1. Standoff	Dariusleut	1918
2. West Raley	Dariusleut	1918
3. Wilson Siding	Dariusleut	1918
4. Springvale	Dariusleut	1918
5. Rosebud	Dariusleut	1918
6. East Cardston	Lehrerleut	1918
7. Milford	Lehrerleut	1918
8. New Elmspring	Lehrerleut	1918
9. Old Elmspring	Lehrerleut	1919
10. Rockport	Dariusleut	1920
11. Stahlville	Lehrerleut	1924
12. Big Bend	Lehrerleut	1924
13. Miami	Dariusleut	1925
14. New York	Dariusleut	1926
15. Ewelme	Dariusleut	1926

16. Felger	Dariusleut	1926
17. Beiseker	Dariusleut	1929
18. Pincher Creek	Lehrerleut	1930
19. Elmspring	Dariusleut	1930
20. Granum	Dariusleut	1932
21. Wolf Creek	Lehrerleut	1932
22. Hutterville	Lehrerleut	1933
23. New Rockport	Dariusleut	1934
24. Riverside	Lehrerleut	1935
25. O.K.	Lehrerleut	1935
26. Rocklake	Lehrerleut	1935
27. Sunnyside	Dariusleut	1936
28. Lakeside	Dariusleut	1937
29. Sandhill	Dariusleut	1931
30. Cayley	Lehrerleut	1937
31. Crystal Springs	Lehrerleut	1939
32. Macmillan	Dariusleut	1944
33. Thompson	Dariusleut	1948
34. Fairview	Dariusleut	1948

35. Pine Hill	Dariusleut	1948
36. Tschetter	Dariusleut	1949
37. Camrose	Dariusleut	1949
38. Ferrybank	Dariusleut	1949
39. Holt	Dariusleut	1950
40. Red Willow	Lehrerleut	1953
41. New Dale	Lebrerleut	1954
42. Winnifred	Lebrerleut	1953
43. Acadia	Lehrerleut	1954
44. Rosedale	Lehrerleut	1953
45. Pibrock	Dariusleut	1953
46. Scott ord	Dariusleut	1953
40. Springside	Lehrerleut	1955
48. Handbills	Lehrerleut	1956
49. Spring Creek	Dariusleut	1956
50. Veteran	Dariusleut	1956
51. Sunshine	Dariusleut	1956
52. O.B.	Dariusleut	1957
53. Huxley	Dariusleut	1958

54. Mixburn	Dariusleut	1960
55. Ribstone	Dariusleut	1960
56. Springpoint	Dariusleut	1960
57. Cluny	Dariusleut	1961
58. Waterton	Dariusleut	1961
59. Athabaska	Dariusleut	1961
60. Newell	Lehrerleut	1962
61. Bow City	Lehrerleut	1964
62. Warborg	Dariusleut	1964
63. Wildwood	Dariusleut	Extinct
64. Castor	Lehrerleut	1965
65. Southbend	Lehrerleut	1965
66. Brant	Lehrerleut	1968
67. Plain Lake	Dariusleut	1969
68. Pleasant Valley	Dariusleut	1969
69. Smokey Lake	Dariusleut	1969
70. Vegreville(Lavoy)	Dariusleut	1970
71. Roseglen	Lehrerleut	1970
72. Morinville	Dariusleut	1971

73. Turin	Dariusleut	1971
74. Valley View	Dariusleut	1971
75. Holden	Dariusleut	1971
76. Starland	Dariusleut	1972
77. Sunshine Ranch	Dariusleut	1972
78. Cameron Ranch	Dariusleut	1972
79. Parkland	Lehrerleut	1972
80. Verdant Valley	Lehrerleut	1974
81. Provost	Lehrerleut	1973
82. Messleigh	Lehrerleut	1973
83. Ponderosa	Lehrerleut	1974
84. Hughenden	Dariusleut	1973
85. Brocket	Dariusleut	1973
86. Barrans	Dariusleut	1973
87. Valleyview Ranch	Dariusleut	1973
88. Whitelake	Dariusleut	1973
89. Carmangay	Dariusleut	1975
90. Clearview	Lehrerleut	1975
91. Plainview	Lehrerleut	1975

92. Erskine	Dariusleut	1976
93. Kingslake	Lehrerleut	1976
94. Riverbend	Lehrerleut	1976
95. Lee Dale	Dariusleut	1977
96. Grandview	Dariusleut	1977
97. Donalda	Dariusleut	1978
98. Sunrise	Lehrerleut	1978
99. Elkwater	Dariusleut	1979
100. Iron Creek	Dariusleut	1979
101. Spring View	Lehrerleut	1979
102. Ridge Valley	Dariusleut	1977
103. Midland	Lehrerleut	1981
104. Keho Lake	Dariusteut	1981
105. Hayfield	Dariusleut	1981
106. Berry Creek	Dariusleut	1981
107. Mayfield	Dariusleut	1981
108 HIgh River	Dariusleut	1982
109. Clearlake	Lehrerleut	1982
110. Blackie-(High Rivdr)	Dariusleut	1982

111. Gilford	Dariusleut	1982
112. Suncrest	Lebrerleut	1983
113. Little Bow	Dariusleut	1983
114. Jenner	Lehrerleut	1983
115. Craigmyle	Dariusleilt	1984
116. Lomond	DarlusleUt	1984
117. Prairie View	DariusleUt	1984
118. Riverroad	LebrerleUt	1985
119. Viking	Dariusleut	1985
120 Byemore	DariusleUt	1986
121. Twilite	Lehrerleut	1986
122. Fairville	LehrerleUt	1986
123. Fairlane	Lehrerleut	1986
124. Standard	Lehrerleut	1987
125. Gadsby	Dariusleut	1987
126. Mannville	Dariusleut	1988
127. Mialta	Lehrerleut	1989
128. Brightstone	Lehrerleut	1994
129. Starbrite	LebrerleUt	1989

130.	Willow Creek	Lehrerleut	1995
131.	Enchant	Dariusleut	1990
132.	Ridgeland	Lehrerleut	1991
133.	Sunnybend	Dariusleut	1991
134.	Miltow	Lehrerleut	1992
135.	Deerfield	Lehrerleut	1992
136.	Neudorf	Lehrerleut	1992
137.	Mountain View	Dariusleot	1992
138.	Alix	Dariusleut	1993
139.	Oaklane	Lehrerleut	1994
140.	Hillridge	DartusleUt	1994
141.	Brightstone	Lebrerleut	1994
142.	Willow Creek	Lehrerleut	1995
143.	Hairy Hill	Darlusleut	1996
144.	East Raymond	Darlusleut	1996
145.	Birch Hills	Dariusleut	1996
146.	Blue Sky	Dariusleut	1996
147.	Pine Haven	Dariusleut	1997
148.	Spring Valley	Dariusleut	1997

149. Shamrock	Lehrerleut	1997
150. Wheatland	Dariusleut	1998
151. Rainbow	Dariusleut	1998
152. Tofield	DariusleUt	1998
153. Bentley	Dariusleut	1999
154. Greenwood	Lebretleut	1999
155. Silversage	Lehrerleut	1999
156. Neu Muehl	Lehrerleut	2000
157. Blue Ridge	Dariusleut	2000
158. Livingstone	Dariusleut	2000
159. Wintering Hills	Dariusleut	2001
160. Bluegrass	Lehrerleut	2002
161. Armada	Lehrerleut	2003
162. Vauxhall	Dariusleut	Building
163. Codesa	Darlusleut	Building
164. Rockyview	Dariusleut	Building
165. Spring Ridge	Darlusleut	Building

캐나다 브리티시 컬럼비아 주의 컬러니들

컬러니 이름	로이트(Leut)	설립연도
1. South Peace	Dariusleut	1977
2. Peace View	Dariusleut	2002

미국 남부 다코타(South Dakota) 주의 컬러니들

컬러니 이름	로이트(Leut)	설립연도
1. Bon Homme	Schrniedeleut	1874
2. Rockport	Schmiedeleut	1934
3. New Elmspring	Schrniedeleut	1936
4. Jamesville	Schmiedeleut	1936
5. Tschetter	Schmiedeleut	1937
6. Huron	Schmiedeleut	1944
7. Rosedale	Schmiedeleut	1945

8. Spink	Schmiedeleut	1945
9. Riverside	Schrniedeleut	1947
10. Gracevale	Schmiedeleut	1948
11. Glendale	Schmiedeleut	1949
12. Maxwell	Schrniedeleut	1949
13. Millerdale	Schmiedeleut	1949
14. Pearl Creek	Schmiedeleut	1949
15. Platte	Schmiedeleut	1949
16. Blumengart	Schmiedeleut	1952
17. Clark	Schmiedeleut	1955
18. Hillside	Schmiedeleut	1958
19. Plainview	Schmiedeleut	1958
20. Cloverleaf	Schmiedeleut	1962
21. Long Lake	Schmiedeleut	1963
22. Thunderbird	Schmiedeleut	1963
23. Wolf Creek	Schmiedeleut	1963
24. White Rock	Schmiedeleut	1964
25. Spring Valley	Schmiedeleut	1964
26. Poinsett	Schmiedeleut	1967

27. Greenwood	Schmiedeleut	1970
28. Pembrook	Schmiedeleut	1970
29. Deerfield	Schmiedeleut	1971
30. Cedar Grove	Schrniedeleut	1972
31. Pleasant Valley	Schmiedeleut	1973
32. Sunset	Schrniedeleut	1977
33. Fordham	Schrniedeleut	1977
34. Roland	Schmiedeleut	1978
35. Springlake	Schmiedeleut	1978
36. Hillcrest	Schmiedeleut	1979
37. Hutterville	Schniiedeleut	1982
38. Millbrook	Schmiedeleut	1983
39. Oaklane	Schmiedeleut	1986
40. Mayfield	Schmiedeleut	1987
41. Brentwood	Schmiedeleut	1987
42. Upland	Schmiedeleut	1988
43. New Port	Schmiedeleut	1988
44. Lake View	Schmiedeleut	1988
45. Grassland	Schmiedeleut	1992

46. Grassranch	Schmiedeleut	1992
47. Evergreen	Schrniedeteut	1992
48. Newdale	Schmiedeleut	1993
49. Claremont	Schmiedeteut	1995
50. Orland	Scbmiedeleut	1995
51. Clearfield	Schmiedeleut	1996
52. Old Elm	Schmiedeleut	1998
53. Rustic Acres	Schmiedeleut	2003

미국 몬태나 주의 컬러니들

컬러니 이름	로이트(Leut)	설립연도
1. Kings Ranch	Dariusleut	1935
2. Grass Range(Bells Kamp)	Dariusleut	1945
3. Spring Creek	Dariusleut	1945
4 Ayers	Dariusleut	1945
5. Milford	Lehrerleut	1946

6.	Birch Creek	Lehrerleut	1947
7.	Deerfield	Dariusleut	1947
8.	Miami	Lebrerleut	1948
9.	New Rockport	Lebrerleut	1948
10.	Rockport	Lehrerleut	1948
11	Miller	Lehrerleut	1949
12.	Glacier	Lehrerleut	1951
13.	Hillside	Lehrerleut	1951
14	Martindale	Lehrerleut	1959
15.	Turner	Darlusleut	1959
16.	Wolf Creek(North Harlem)	Dariusleut	1960
17.	Springdale	Lehrerleut	1959
18.	Sage Creek	Lehrerleut	1961
19	Duncan Ranch	Lehrerleut	1963
20.	Hilldale	Lehrerleut	1963
21.	Rimrock	Lehrerleut	1963
22.	Wilson Range(Surpise Creek)	Dariusleut	1963
23.	Cascade	Lehrerleut	1969
24.	Glandale	Lebrorleut	1969

25.	Big Sky	Lehrerieut	1978
26.	East End	Lebrerleut	1977
27.	Fair Haven	Lehierleut	1980
28.	Golden Valley	Lehrerleut	1978
29.	Riverview	Lehrerleut	1980
30.	Flat Willow	Dariusleut	1980
31.	Fords Creek	Dariusleut	1980
32.	Fair Haven	Lehrerleut	1980
33.	River View	Lehrerleut	1980
34,	Spring Water	Lehrerleut	1981
35.	Kingsbury	Lehrerleut	1981
36.	Loring	Dariusleut	1982
37.	Eagle Creek	Lebrerleut	1982
38.	Seville	Lehrerleut	1983
39.	Malta	Dariusleut	1984
40.	Big Stone	Lehrerleut	1985
41.	Pleasant Valley	Lehrerleut	1989
42.	Kilby Butte	Dariusleut	1992
43.	Pondoray	Lehrerieut	1994

44.	Hidden Lake	Lehrerleut	1996
45.	Hartland	Lehrerleut	1999
46.	Carnrose	Lehrerleut	2001
47.	Mountainview	Lehrerleut	2002
48.	Twin Hills	Lehrerleut	2002
49.	Sunny Brook	Lehrerleut	Building

미국 북부 다코타(North Dakota) 주의 컬러니들

컬러니 이름	로이트(Leut)	설립연도
1. Forest River	Schmiedeleut	1950
2. Spring Creek	Schmiedeleut	1961
3. Maple River	Schmiedeleut	1969
4. Fair View	Schmiedeleut	1971
5. Sundale	Schmiedeleut	1985
6. Willow Bank	Schmiedeleut	1985

미국 워싱턴 주의 컬러니들

컬러니 이름	로이트(Leut)	설립연도
1. Spokane	Dariusleut	1960
2. Warden	Dariusleut	1972
3. Marlin	Dariusleut	1974
4. Stahl	Dariusleut	1980
5. Schoonover	Dariusleut	1979

미국 미네소타 주의 컬러니들

컬러니 이름	로이트(Leut)	설립연도
1 Big Stone	Schmiedeieut	1958
2. Spring Prairie	Schmiedeleut	1980
3 Starland	Schmiedeleut	1988
4. Haven(Oakwood)	Schmieddeut	1989

5.	Neuhof	Schrniedeleut	1995
6.	Heartland	Schmiedeleut	1996
7.	Lismore	Schmledeleut	Building

일본의 컬러니들

컬러니 이름	로이트(Leut)	설립연도
1. Owa	Dariusleut	1976

BRANCHING OF HUTTERITE COLONIES (Lehrerleut)

○┄┄┄ — EXTINCT COLONY

○ — EXISTING COLONY

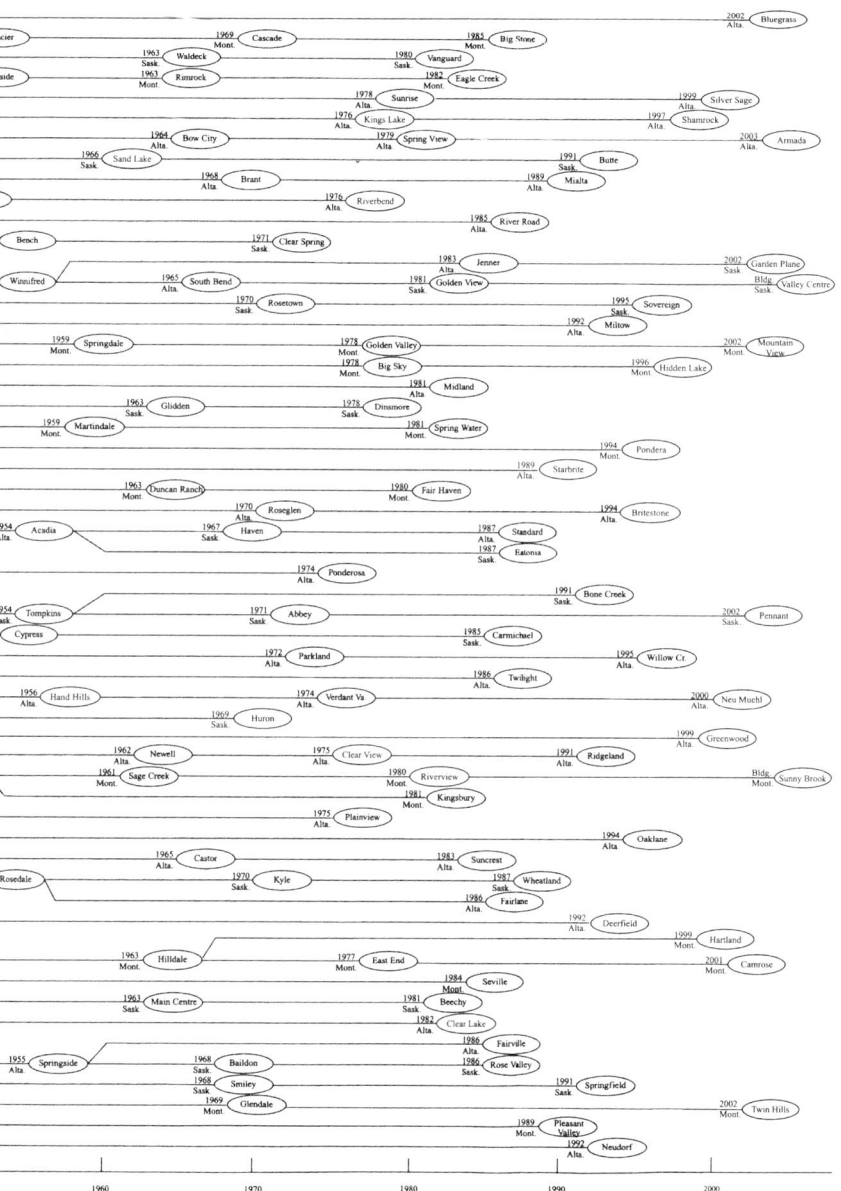

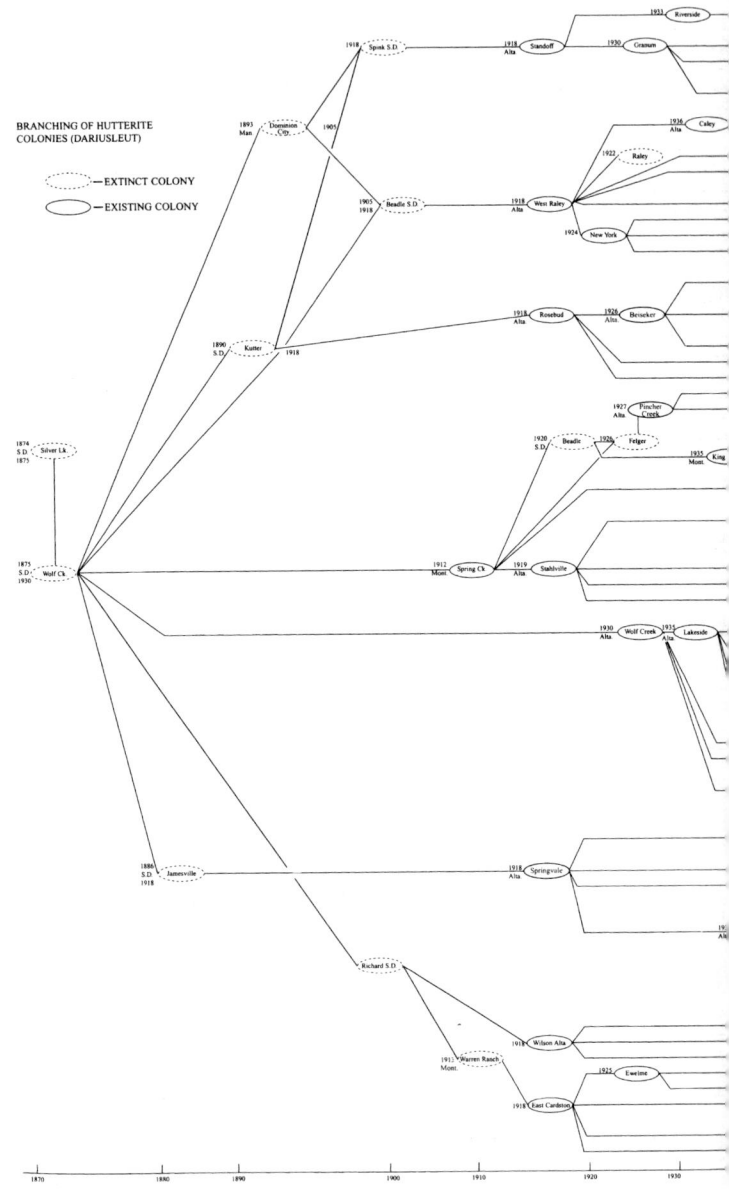

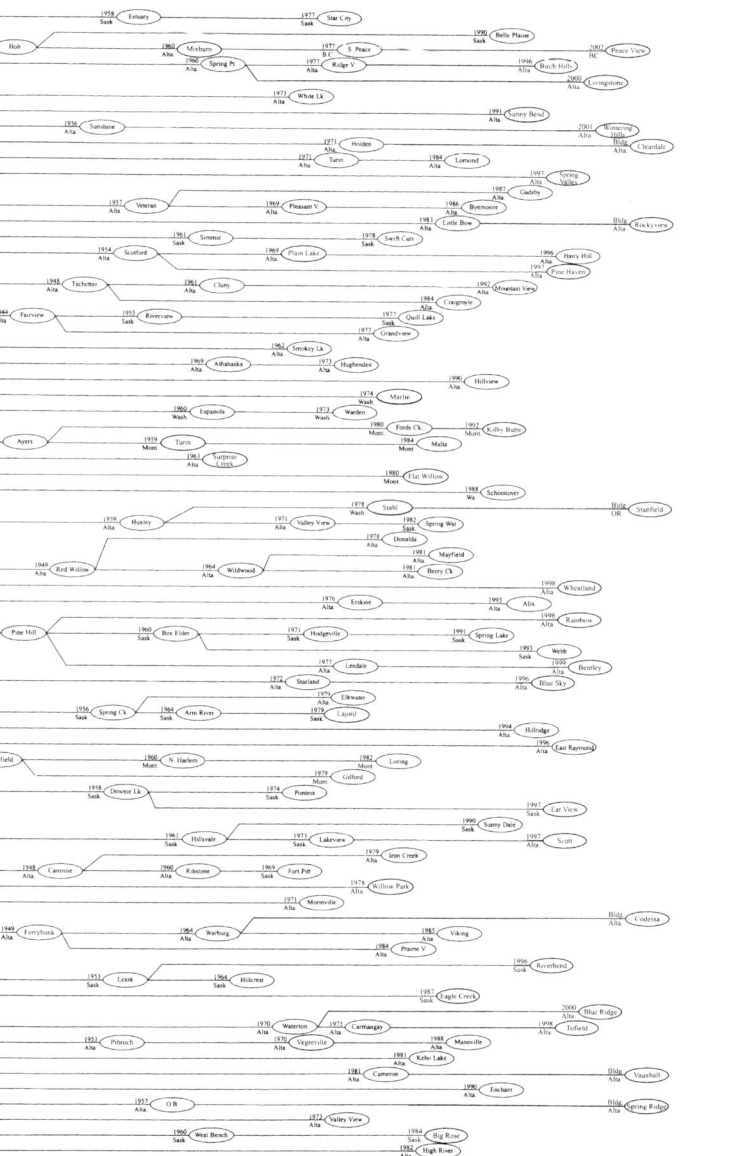

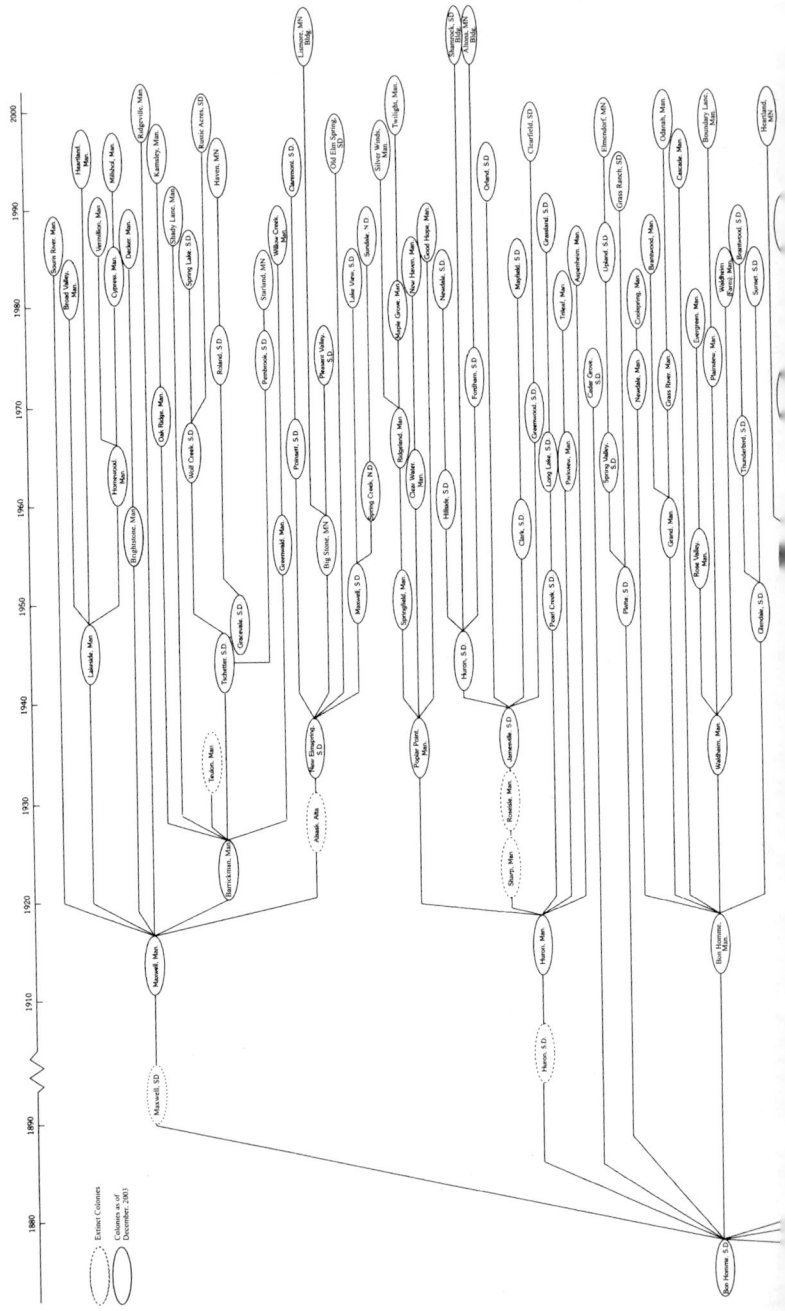

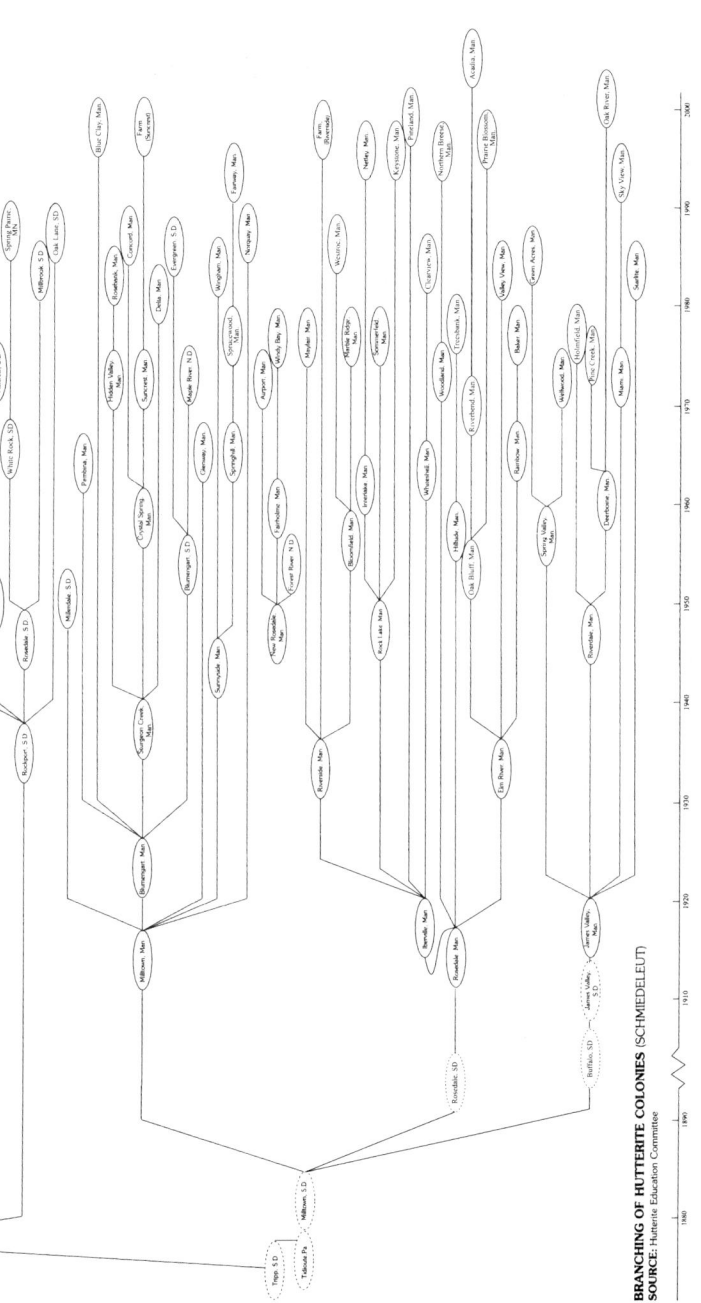

BRANCHING OF HUTTERITE COLONIES (SCHMIEDELEUT)
SOURCE: Hutterite Education Committee

KAP의 책들

공동체 시리즈

후터라이트 사람들, 그 삶의 이야기

후터라이트는 온갖 박해와 역경 속에서도 450년 동안 초대교회 그리스도인들이 실행했던 성경적 나눔의 삶을 살아가고 있는 크리스천 공동체다. 외부세계와는 단절된 채 살아가지만 결코 외로움과 소외감을 느끼지 않으며, 부자도 가난한 사람도 없고, 개개인들이 결코 먹을 것과 입을 것, 집과 노후 대책을 걱정할 필요가 없는 후터라이트 사람들의 삶을 소개한다. (존 A. 호스테들러 지음/ 김복기 옮김)

평화교회는 가능한가?

기독교의 평화주의 전통을 되새겨보며 평화를 위한 교회의 소명을 일깨워주는 책. 오늘날 폭력과 전쟁이 난무하는 세상에서 그리스도인의 성경적 평화의 관점을 재조명하고 새롭게 정립하는 데 많은 도움을 준다. (알렌 & 엘레노르 크라이더 지음/고영목·김경중 옮김)

반석 위에 세우리라

이 책은 성경적 교회의 관점에서 바라본 아나뱁티스트·메노나이트 비전의 핵심 주제들을 다루고 있다. 교회 생활에 필요한 귀한 자료를 원하는 소그룹 모임이나, 지도자들, 든든한 기초를 쌓고 새롭게 교회를 시작하기 원하는 그리스도인들에게 많은 도움이 될 것이다.

(월프레드 화러 지음/ 김복기 옮김)

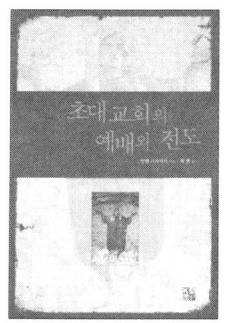

초대 교회의 예배와 전도

초대교회 시대에 행해졌던 예배와 전도의 상관관계에 대한 성경적, 실천적 그리고 역사적 탐구를 시도한 책. 초대 교회의 예배와 전도를 통해 그리스도인 공동체를 선명하고도 생생하게 그려냈고, 오늘날 전도의 본질에 대한 새로운 관점과 도전을 제시하고 있다.

(알렌 크라이더 지음/허현 옮김)

재세례신앙 시리즈

재세례신앙의 씨앗으로부터

재세례신앙의 역사적 교훈과 실천 내용을 간략하게 요약한 이 책은 재세례신앙 운동의 정체성에 관한 신뢰할 만한 자료가 될 것이다. 이 책은 재세례신앙 운동에 대해 알고 싶어 하는 전 세계의 교회와 그리스도인들이 서로 대화를 나눌 수 있는 신앙 교류의 출발점이 되리라는 바람에서 기획되었다.

(아놀드 스나이더 지음/ 김복기 옮김)

메노나이트 이야기

믿음과 교회에 대한 본질적인 질문을 던지는 책. 16세기 아나뱁티스트·메노나이트 교회가 생긴 이래부터 현재까지 그 역사적 발자취를 따라가다 보면, 그리스도의 참된 제자가 되고자 고난을 선택했던 그 삶을 이해할 수 있다.

(루디 배르근 지음/김경중 옮김)

메노나이트 신앙고백

이 책은 기독교의 기본 진리를 아나뱁티스트·메노나이트 관점에서 체계적으로 소개한 신앙고백서다.

(메노나이트 신앙고백 편찬위원회 지음 / 김경중 옮김)

평화 시리즈

평화와 화해의 새로운 패러다임

평화와 화해에 대한 이해의 폭을 넓히고, 이를 정치, 경제, 사회적 갈등상황에 적용하기 위해 이 책에서는 신학, 정치학, 사회심리학, 경제학적 관점을 도입했다. 아프리카를 배경으로 쓰였지만, 오늘날의 국내외적 갈등과 분쟁상황에도 매우 유익한 평화와 화해의 기본 안내서가 될 것이다.

(히즈키아스 아세파 지음/이재영 옮김)

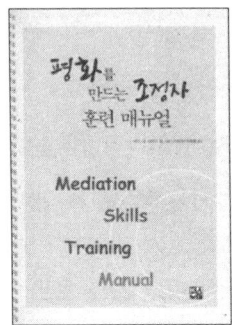

평화를 만드는 조정자 훈련 매뉴얼

일상에서 발생하는 다양한 분쟁상황에서 갈등을 창조적으로 평화롭게 전환시켜 나가는 조정자(Mediator)를 훈련하는 매뉴얼. 이 책은 학교, 직장, 교회, 공공영역 등에서의 훈련된 조정자가 부족한 한국 사회에 매우 실질적이고 유익한 훈련 지침서가 될 것이다.

(낸시 굿 사이더 외 지음/서정기 · 이재영 옮김)

■ **회복적 사법정의**(가제, 근간)

(하워드 제어(Howard Zehr) / 손진 옮김)

제자도 시리즈

제자도, 그리스도인의 정치적 책임

존 하워드 요더는 지난 400여 년 전에 아나뱁티스트를 박해했던 기존 교회들과의 신학적 논쟁을 재개하는 성과를 가져왔다. 이 책은 예수 그리스도의 평화교회를 향한 여정을 시작하라는 존 하워드 요더의 초청이며, 메노나이트나 메노나이트가 아닌 사람들 모두에게 똑같이 도전을 주는 매우 귀중한 자료다.

(존 하워드 요더 지음/김기현 옮김)

성경적 관점의 일과 쉼

이 책은 이러한 영역에서 적용할 수 있는 묵상 자료로서 일과 쉼에 대한 성경적 가르침 및 기독교적인 입장, 그리고 일과 쉼을 존중하면서 좀 더 신실하게 살아갈 수 있는 삶의 방법들을 찾도록 도와줄 것이다.

(월드마 잔젠 지음/김복기 옮김)

후터라이트 공동체의 역사
The History of The Hutterites

지은이 존 호퍼
옮긴이 김복기
펴낸이 김경중
펴낸곳 Korea Anabaptist Press

초판 인쇄 2008년 9월 30일
초판 발행 2008년 10월 6일

주소 200-161 강원도 춘천시 후평동 720-36
등록 2002년 8월 30일
전화 02) 554-9615
팩스 02) 501-1986
이메일 kap@kac.or.kr
홈페이지 http://www.kac.or.kr

값 12,0000원

ISBN 978-89-92865-02-9 93230

* 잘못된 책은 바꿔 드립니다.